イヴルルド遙華の
ハッピー推し活占い

小学館

はじめに

推し活をもっと楽しみ

あなたの推し活の目的はなんですか？

　突然ですが、あなたは推し活を楽しんでいますか？
　この本を手に取ってくださったのですから、答えはもちろん「YES」ですよね！　2024年のある調査によると、今、日本人の4人に1人が推し活をしているそうです。
　対象は、国内のアイドルやK-POPアイドル、ミュージシャン、俳優、声優、お笑い芸人、ユーチューバー、スポーツ選手といった三次元から、マンガやアニメなどの二次元キャラまでさまざま。
　推し活の目的も、人によってバラバラです。日々の充実度を高めたい人もいれば、恋愛に近い感覚の人もいますし、年齢や立場に関係なく共感し合える仲間との交流を楽しみたい人もいます。

推し活をハッピーに楽しむには「コツ」がある

　推し活は本来楽しいものですが、最近は「推し活疲れ」なんて言葉も耳にするようになりました。みなさんの中にも、推しの供給（＝情報発信）に精神的、金銭的に追いつけなくなったことや、ファンのマナーや人間関係にモヤモヤした経験がある人もいるのでは？
　実は、推し活をハッピーに末永く楽しむには、「コツ」があります。それは、推しや推し活仲間、そして、あなた自身がどんなタイプの人なのかを客観的に理解することです。推しに直接会えるか否かにかかわらず、推し活は立派なコミュニケーションのひとつ。相手や自分の癖や傾向を知っておけば、ちょうどいい距離感を保ちながら、楽しいコミュニケーションを続けていくことができます。

たいあなたへ

マインドナンバー占いで推し活運を引き寄せよう!

　そこで役に立つのが、マインドナンバー占いです。生年月日から導き出すもので、基本的な性格や恋愛傾向など、その人の個性がズバリとわかります。まず、第1章では推しの性格をチェック。第2章ではあなたが幸せな推し活道を歩むためのヒントを、第3章では推し活仲間との上手なつき合い方を伝授します。チケット運を上げるためのジンクスなどのコラムもお見逃しなく。

　なお、この本は「女性が男性を推す」という設定で展開していますが、同性を推している方や男性のみなさんも、ぜひご自身でアレンジしながら活用してみてくださいね。この本が、あなたの楽しい推し活ライフの支えになることを願っています!

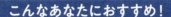

こんなあなたにおすすめ!

- あわよくば、推しとお近づきになりたい
- 推しのいる生活をもっと楽しみたい
- 推し活仲間と平和に交流したい
- チケット運を上げて神席をゲットしたい
- 推しに認知してもらいたい
- 現場やSNSでファンサがほしい

CONTENTS

- 02 マンガ・松尾ミナミの推し活ライフ
- 04 推し活をもっと楽しみたいあなたへ

08 第1章
マインドナンバーでわかる、
推しが喜ぶ&推しが苦手な推され方

- 10 **マインドナンバーとは？**
- 11 **マインドナンバーの出し方**
  - 12 推しのマインドナンバーが「1」なら　孤高の一匹狼
  - 16 推しのマインドナンバーが「2」なら　天然の芸術家
  - 20 推しのマインドナンバーが「3」なら　さわやか優等生
  - 24 推しのマインドナンバーが「4」なら　かまってちゃん親分
  - 28 推しのマインドナンバーが「5」なら　カリスマ絶対王者
  - 32 推しのマインドナンバーが「6」なら　天性のフォロー上手
  - 36 推しのマインドナンバーが「7」なら　うっとりロマンチスト
  - 40 推しのマインドナンバーが「8」なら　こだわりの職人
  - 44 推しのマインドナンバーが「9」なら　さすらいのノマド

- 48 `コラム` 願いがかなうお祈りフレーズ
- 49 `コラム` エンジェルナンバーからメッセージを受け取ろう

50 第2章
マインドナンバーでわかる、
あなたの推し活運を爆上げする方法

- 52 あなたのマインドナンバーが「1」なら　ぼっち上等派
- 58 あなたのマインドナンバーが「2」なら　妄想からの暴走さん

64	あなたのマインドナンバーが「3」なら	THE ファンの鑑
70	あなたのマインドナンバーが「4」なら	キラキラ☆マダム
76	あなたのマインドナンバーが「5」なら	セレブ社長
82	あなたのマインドナンバーが「6」なら	尽くし沼ちゃん
88	あなたのマインドナンバーが「7」なら	ガチ恋プリンセス
94	あなたのマインドナンバーが「8」なら	マニアックな鑑定士
100	あなたのマインドナンバーが「9」なら	雑食オタク

- **106** コラム　チケット運を上げるためのイヴルルド式　願掛け術
- **107** コラム　マインドナンバー別 おすすめ待ち受け画像
- **108** コラム　アカウント名・ユーザー名の画数で推し活運を上げる！

110　第3章
ケミストリーナンバーでわかる、あなたと推し活仲間の相性

- **112** ケミストリーナンバーとは？
- **113** ケミストリーナンバーの出し方
  - 114　仲間とのケミストリーナンバーが「1」なら　冒険メイト
  - 115　仲間とのケミストリーナンバーが「2」なら　引き寄せメイト
  - 116　仲間とのケミストリーナンバーが「3」なら　思い出語りメイト
  - 117　仲間とのケミストリーナンバーが「4」なら　ラグジュアリーメイト
  - 118　仲間とのケミストリーナンバーが「5」なら　一獲千金メイト
  - 119　仲間とのケミストリーナンバーが「6」なら　譲り合いメイト
  - 120　仲間とのケミストリーナンバーが「7」なら　愛されメイト
  - 121　仲間とのケミストリーナンバーが「8」なら　オタクメイト
  - 122　仲間とのケミストリーナンバーが「9」なら　類友メイト

- **123** コラム　あのグループのメンバー同士の気になる相性は？
- **126** コラム　アニメ、マンガ etc. 二次元キャラの相性の出し方
- **127** おわりに

マインドナンバーでわかる、
推しが喜ぶ＆
推しが苦手な推され方

推しのすべてを受け入れるのが平和な推し活への道

せっかく推し活をするなら、推しに喜んでほしい。なんなら、推しに認知されたい！
そう思うなら、まずはあなたの推しの素顔をマインドナンバーでチェック。
推しにとってウェルカムな推され方と NG 行動を知って、推し活に役立てましょう。

**基本的な性格や恋愛傾向など、
その人のキャラクターがまるわかり！**

マインドナンバーとは？

生年月日は、私たちがこの世に生を受けた日。
一人ひとりにとって、これほど特別な日はありません。
マインドナンバーとは、生年月日を1桁になるまで足した数字のこと。
あなたの運命や未来の可能性を開くカギ、それがマインドナンバーです。

　あなたにはもちろん、生年月日がありますよね。では、あなたはどうして、その年のその月のその日にこの世に誕生したのでしょうか。たまたまその日だっただけ？　それとも、何かのお導きでしょうか？
　私たちの生命そのものが神秘である以上、この問いに明確な答えを出すことはできません。だからこそ、人間は古代からそのミステリーに興味をもち、結果、自然科学や哲学が生まれました。
　同様に生まれたのが、占いです。生年月日に隠されたメッセージを読み解く数秘術は、世界中で何千年も前から研究されてきました。この長い歴史をもつ数秘術を独自の研究のもとに読み解いて導き出したのが、イヴルルド遙華オリジナルのマインドナンバー占いです。
　マインドナンバーが教えてくれるのは、その人の強みや弱みを含めた、ありのままの個性。推しや自分のマインドナンバーからそれぞれの特性を理解して、推し活に役立てましょう！

マインドナンバーの出し方
How to give a mind number

マインドナンバーは1から9までの9パターンに分かれます。
推しやあなた、そして推し活仲間のマインドナンバーは？ この計算式でチェックして。

STEP 1

占いたい相手の生年月日を西暦にします。

例：1989年11月27日

※アニメやマンガのキャラクターなど、生年がわからない場合はP.126を参照

STEP 2

生年月日を数字の1桁にバラして、
すべての数を足し算します。

例：1＋9＋8＋9＋1＋1＋2＋7＝38

STEP 3

数字が1桁になるまで足し算を続けます。

例：3＋8＝11 → 1＋1＝2

STEP 4

最終的に1桁になった数字がマインドナンバーです。

例：占いたい相手のマインドナンバーは「2」

> 推しの
> マインド
> ナンバーが
> 「1」なら

どこまでも自分に正直
オンリーワンの存在感を放つ

孤高の一匹狼

- ハングリー精神で自分の道を切り開く
- ひとりの時間を大切にしたい
- ファンにベタベタされるのは嫌い

推しの性質

ハングリー精神をもち、我が道を築いていくタイプ。独立心が強く、誰かと必要以上にべったりするのは苦手です。矢沢永吉さんは自分のライブが終わると即座に帰るそうですが、やることが終わったらすぐに自分の時間に戻るのはまさにマインドナンバー1。草彅剛さん、Mr. Childrenの桜井和寿さん、藤井風さんなどもこのナンバーです。

常に目標をもち、これだ！　と直感したものを突き詰めます。一度やりたいと思ったら我慢することはできず、たとえ誰も協力してくれなくても自分ひとりでひたすら努力する、という根性の持ち主です。飽きっぽい性格で、だからこそ、変化を求めてアップデートを続けます。その結果、現役生活が長くなるケースも多いでしょう。

もしもつき合ったらどうなる？

無邪気で子どもっぽく、楽しむことが大好きな彼。野心家で勝負好きな面もあるので、スポーツ観戦をしたり、一緒にゲームをしたりなど、彼の闘争本能が燃えるようなデートプランを立てるとよさそう。ただ、気分屋で興味の移り変わりが早いことから、同じようなデートプランばかりだと退屈してしまいます。たまにはなんの予定も立てず、行き当たりばったりに散歩や遠出をしてみると、新たな出会いや刺激が彼の満足度を高めてくれるでしょう。

ひとりの時間を大切にするタイプなので、束縛するのはNG。仕事で忙しいときはもちろん、趣味に没頭しているときなども、「いつ終わるの？」などとせっつかず、そっとしておいてあげて。

仕事のスタイル

　積極的で行動力があるのが強み。負けず嫌いなので、ハードな仕事やライバルのいる状況に直面するほど、やる気が燃え上がることも。ただし、追い込まれないと本領を発揮できない面もあり、締め切りの直前までのんびりダラダラ過ごしてしまうところもありそうです。
　自分が一度やると決めたら、実現するまで絶対にあきらめません。どんな壁が立ちはだかろうとも乗り越えて、成功をつかみ取ることができるでしょう。若いうちからビジネスチャンスを引き寄せる人も多くいます。向いているのは、変化のある仕事。ツアーで各地を回るのも楽しいはず。本番に強く、テレビなどの収録やライブでは実力以上の力を発揮できるタイプです。

推しの弱点

　正直者で嘘がつけない性分で、思ったことがすぐに顔に出やすいのもマインドナンバー1の人。自分と価値観の違うメンバーやスタッフに真正面から本音をぶつけてしまうことが少なくなく、険悪なムードになったり、ケンカに発展したりすることも。自分を尊重してくれる仲間や理解してくれるスタッフに恵まれると活動が長続きしますが、そうでない場合、活動休止やグループ解散の可能性もあるでしょう。
　彼の運気が下がるのは、目標を見失ってしまったときや、周りに無理に合わせなくてはならない立場に追い込まれたとき。「悪いけど俺、自分ひとりでやるわ」とキレてグループや組織を飛び出すくらいの勢いで我が道を進んだほうが、結果的には成功します。

うれしい推され方・苦手な推され方

　機嫌がいいときと悪いときの差が激しく、あまのじゃくな一面も。ファンサは機嫌がいいときは対応してくれますが、機嫌がイマイチだと、現場で「ウインクして〜！」と呼びかけたらわざと反対のほうを向かれた、なんてことも起こるかも。あまり期待をせず、「ファンサをくれたらラッキー」くらいに思っておいたほうがよいでしょう。

　ファンレターやSNSでメッセージを伝えるときは、お母さん目線の過度なアドバイスや「私はあなたのことをわかってます」的なアピールをすると確実にウザがられます。とにかくほめてほめて、おだてるのがいちばん。「○○くんがナンバーワン！」「一生ついていきます！」といった一途な思いも好意的に受け止められそうです。

マインドナンバー1の有名人

草彅剛／堂本光一（KinKi Kids）／大野智（嵐）／櫻井翔（嵐）／小山慶一郎（NEWS）／千賀健永（Kis-My-Ft2）／松島聡（timelesz）／五関晃一（A.B.C-Z）／塚田僚一（A.B.C-Z）／重岡大毅（WEST.）／渡辺翔太（Snow Man）／末澤誠也（Aぇ! group）／草間リチャード敬太（Aぇ! group）／正門良規（Aぇ! group）／河合郁人／ELLY（三代目 J SOUL BROTHERS from EXILE TRIBE）／大平祥生（JO1）／木村柾哉（INI）／後藤威尊（INI）／藤牧京介（INI）／JUNON（BE:FIRST）／JIN（BTS）／HOSHI（SEVENTEEN）／DK（SEVENTEEN）／SOOBIN（TOMORROW X TOGETHER）／BEOMGYU（TOMORROW X TOGETHER）　など

推しの
マインド
ナンバーが
「2」なら

MIND NUMBER 2

生まれながらのアーティスト
繊細なところがまた魅力

天然の芸術家

持ち前のセンスと
才能で個性的に輝く

感情の起伏が激しく
ストレスをためやすい

ファンに対しては
シャイなところも

推しの性質

　香取慎吾さん、美輪明宏さんのように、自己表現するために生まれてきた天性のアーティスト。センスと才能にあふれ、曲作りや衣装デザイン、プロデュースなど、クリエイティブな方面で持ち味を伸ばしていけます。ファッションセンスも抜群。髪型やメイク、私服の着こなしなど、ビジュアルが世間の話題になることもあるでしょう。

　日頃から自分の気持ちを大事にします。活動も「仕事だから」ではなく「やりたいかどうか」を優先。今の自分に正直でありたいという思いが強すぎて、アイデアが降りてこないと仕事が進まない、突然プライベートを優先するなど、一見わがままな行動を取ることも。それでも周りから許されてしまう、魅力的な才能とオーラの持ち主です。

もしもつき合ったらどうなる？

　マインドナンバー2の彼はよくも悪くも天然キャラ。一般的な感覚からすると、理解できない行動を取ることも。例えば、その日の気分で約束をドタキャンしたり、LINEの返事が何日も来なかったり、女友達と二人きりで会ったり……しかもこれ全部、本人はいっさい悪気ナシ。「ねえ、いったいなんなの？」と聞くと、逆に「え、何が？」と返してきたりして、余計に戸惑うこともあるでしょう。

　彼のことが本当に好きなら、こうした謎な部分も含めて、受け容れることが大切。何があっても「またいつもの癖だ」と流して、おおらかな気持ちで見守ってあげて。あなたがいちばんの味方であることが伝われば、彼は一生あなたから離れていくことはないでしょう。

仕事のスタイル

　趣味や好きなこと、得意なことを仕事にするのが向いています。自分の個性や直感、オリジナリティが求められる場所に身を置くことで、のびのびと活躍できるタイプです。個人の自由な感性を尊重するような事務所やグループに所属できれば、実力を思う存分に発揮しながら輝いていくことができるでしょう。

　常識や慣例などの堅苦しいルールが苦手で、遠回しな言い方や建前なども煩わしく感じることから、誰の前でもストレートな言い方をしてしまいがちです。そのため、目上の人から反感を買ってしまうことも。デリケートで傷つきやすい面もあるので、成功への道を歩むには、彼の個性をよく理解してくれる人に恵まれることが肝心です。

推しの弱点

　基本的に人見知り。表面上はオープンな性格のように振る舞うことができたとしても、心を開くまでに時間がかかるので、新しい環境やチームメンバーとの仕事は、慣れるまでにストレスを感じることが多いでしょう。彼が本当の意味で心を開く相手はごく少数。年齢や職業にかかわらず、フィーリングが合う人と信頼関係を築きます。

　繊細な感性を武器に才能を開花させる人が多いのですが、ときにはその繊細さが仇(あだ)となることも。人間関係のストレスや、プライベートでつらいことやショックなことが起きたなどが原因で、活動を休止することもあるかもしれません。ときどき休んだり、スピードを落としたりしながら、自分のペースで続けていくことが大事です。

うれしい推され方・苦手な推され方

　言葉で伝えるのもよいのですが、アーティスティックな感覚の持ち主だけに、応援の気持ちをビジュアルで表現してみると、気づいてもらいやすかったり、一目置かれたりする可能性大。例えば、推しの似顔絵や新譜のジャケットの模写をうちわに描くなど。SNSもちゃんとチェックする人が多いので、推しのメンバーカラーの服や公式グッズをセンスよく着こなした写真をアップすると、「自分のファンにこんなおしゃれな人がいるんだ！」と喜んでくれるでしょう。

　シャイなところがあるので、つきまとったり、ファンレターやSNSのコメントをしつこく送るのは避けて。グイグイ行かず、「あなたのファンでいさせてもらえてうれしい」くらいの謙虚さを大切に。

マインドナンバー2の有名人

香取慎吾／長野博（20th Century）／岡田准一／相葉雅紀（嵐）／手越祐也／村上信五（SUPER EIGHT）／伊野尾慧（Hey! Say! JUMP）／藤ヶ谷太輔（Kis-My-Ft2）／佐藤勝利（timelesz）／中間淳太（WEST.）／ラウール（Snow Man）／京本大我（SixTONES）／川島如恵留（Travis Japan）／佐野晶哉（Aぇ! group）／平野紫耀（Number_i）／リョウガ（超特急）／アロハ（超特急）／白岩瑠姫（JO1）／木全翔也（JO1）／JIMIN（BTS）／JEONGHAN（SEVENTEEN）／VERNON（SEVENTEEN）／TAEHYUN（TOMORROW X TOGETHER）／Changbin（Stray Kids）　など

推しの
マインド
ナンバーが
「3」なら

性別や世代を超えて愛される
知性と品格の持ち主

さわやか優等生

作詞やコメントで
心をわしづかみ

空気を読んで
本音を引き出す

常識やマナーを
守れないのはNG

推しの性質

とにかくきちんとした人が多いのが、マインドナンバー3。仕事も家のこともてきぱきとこなします。知性と気品にあふれ、常に余裕があるように見えることから、周りからの相談ごとが絶えません。実際のところ、彼は物事を深く掘り下げて考えるのが好きで、客観的なアドバイスをするのが得意。「うんうん、それで？」「なるほどね」と会話をうまく回しながら、相手の本音をさりげなく引き出していくので、話の聞き役として重宝されます。

好奇心旺盛で、やってみたいこと、学びたいことがいつでも渋滞中。忙しすぎて自分がやりたいことができない状態が続くと運気が下がっていくので、自己投資する時間をキープすることが大切です。

もしもつき合ったらどうなる？

物知りの彼は、自分が知っていることを教えるのが大好き。彼のトークが始まったら、「知らなかった〜」「そんなことまで知ってるなんてすごい！」とうまく持ち上げて。気を許した相手にはよくしゃべりますが、頭の回転が速く、空気を読める人なので、自分ばかりが一方的に話すことはせず、あなたの話にもきちんと耳を傾けます。

特にあなたの趣味や好きなことに関しては、もともと知識欲が高いだけに、「そんな世界があるんだ！」と関心を示すこともあるでしょう。気をつけたいのは、マナーや言葉遣い。汚い言葉やおバカな口調は、嫌われてしまうもとに。彼の友人や家族の悪口を言うのもNGです。日頃から感じのいい話し方を心がけて。

仕事のスタイル

　星野源さんや槇原敬之さん、ゆずの北川悠仁さんなど、マインドナンバー3のミュージシャンには自作の歌詞で人の心をつかむ人が多いことからもわかるように、言葉で自己表現するのが向いています。作詞やエッセイの執筆、SNSでのメッセージの発信など、言葉の選び方のセンスや文才を存分に活かすと成功できるでしょう。基本的に賢く、情報収集能力も高いので、グループやチーム、事務所にも的確な提案をし、成果を上げることができるはず。

　仕事に対する姿勢は厳しく、キャリアを積むほどその傾向は強くなっていきます。余計なことをする人、空気を読めない人にはつい高圧的な態度を取り、周りをヒヤッとさせることもあるかも。

推しの弱点

　しっかり者のマインドナンバー3の人は、自分のトラブルはだいたい自分で解決できるのですが、自分では手に負えないことに関しては悩みがちです。家族の問題や会社のいざこざなど、自分ひとりの力ではどうにもならないとわかっていながらも、「僕に何かできることはないだろうか」と頭を抱えてしまうのです。なかには他人のもめごとに首を突っ込みすぎて、自分の恋愛のチャンスや婚期を逃す人も。

　また、人前で失敗して恥をかくのは大嫌い。優等生らしく常に冷静に振る舞いますが、そんなふうに自分を演じていることを指摘されたり、からかわれたりしようものなら、彼のハートはズタズタに。落ち込んで、しばらくは立ち直れないかもしれません。

> うれしい推され方・苦手な推され方

マインドナンバー3の人は、言葉のキャッチボールを大切にします。なぜなら、ファンが自分のメッセージをどんなふうに受け取ったのかを知り、それをヒントに、自分の表現により磨きをかけたいと考えているから。そのため、「あなたのこの発言に惹かれてファンになりました」「あなたのこの歌詞のおかげで人生が変わりました」など、ファンになったきっかけや好きなところを伝えると喜ばれるでしょう。

逆にNGなのは、一般常識を守れない行動。マナーを重視する彼にとって、遠征先のホテルや空港で待ち伏せしたり、食べものやあまりに高級なものを事務所に送ったりするのは論外です。相手はもちろん、誰かの迷惑になる行為は避けて。

マインドナンバー3の有名人

森田剛／有岡大貴（Hey! Say! JUMP）／髙木雄也（Hey! Say! JUMP）／玉森裕太（Kis-My-Ft2）／中島健人／戸塚祥太（A.B.C-Z）／桐山照史（WEST.）／神山智洋（WEST.）／藤井流星（WEST.）／濱田崇裕（WEST.）／松村北斗（SixTONES）／森本慎太郎（SixTONES）／宮近海斗（Travis Japan）／神宮寺勇太（Number_i）／中務裕太（GENERATIONS from EXILE TRIBE）／タカシ（超特急）／河野純喜（JO1）／川西拓実（JO1）／豆原一成（JO1）／尾崎匠海（INI）／V（BTS）／JOSHUA（SEVENTEEN）／Bang Chan（Stray Kids）　など

推しのマインドナンバーが「4」なら

MIND NUMBER 4

豪快だけど気配り上手
みんなから好かれたい

かまってちゃん親分

頼りがいがあり心遣いも忘れない

仲間はずれにされるのがイヤ

本当は誰よりも特別扱いされたい

推しの性質

　独特の魅力的なオーラを放っている人が多いのが特徴。堂本剛さん、亀梨和也さん、THE ALFEEの高見沢俊彦さん、イエローモンキーの吉井和哉さん、エレファントカシマシの宮本浩次さんなどがこのナンバー。美意識が高く、ルックスやファッションに気を配ります。

　世話好きで、どことなく親分的なムードがあり、周囲へのさりげない気遣いが得意。話題の差し入れやケータリングを手配したり、誰もが会話に参加しやすいネタを振ったりして、みんなを盛り上げます。ただ、心の中は、特別扱いされたい気持ちでいっぱい。周りに細やかに配慮するのは、実は「嫌われたくない」という思いが強いからかも。そんなかわいらしいところも、ファンにはキュンキュンです。

もしもつき合ったらどうなる？

　仕事に熱中する一方、プライベートも大事にしたい欲張りな彼。恋愛経験も豊富でとにかくモテるので、あなたとつき合ってからもほかの女性たちからのお誘いが絶えないかもしれません。

　彼の心をつかんで離さないためには、気配りに磨きをかけること。彼自身が気遣い上手な人だからこそ、あなたも彼と同じかそれ以上に周りの人たちに親切に振る舞うことができれば、彼はあなたをリスペクトするでしょう。もちろん、彼に対して感謝の気持ちを伝えることも常に忘れずに。すると、二人の間には深い絆が育まれていくはずです。結婚後の彼は、仕事を頑張りながら家庭もきちんと大事にします。よき夫、よき父親になることは間違いないでしょう。

仕事のスタイル

　いわゆる「持っている」タイプなので、素晴らしいチャンスに恵まれて、夢をかなえる確率は高いはず。彼にとって今の立場はもしかしたら、子どもの頃からの憧れの仕事だったのかもしれません。

　若いうちは失敗を重ねることも少なくなさそうですが、ある程度の年齢を重ねると、かつての苦労のおかげで養われた粘り強さや向上心を発揮。後輩たちを率いるリーダーとして活躍できるでしょう。威厳や自信にあふれた彼の姿は、多くの仲間を惹きつけます。絶妙なタイミングで運命の仕事相手やサポートしてくれる人が現れるなど、運気も上がっていくはずです。独立する場合はマインドナンバー５の人が身近にいると、成功する可能性がアップします。

推しの弱点

　みんなでごはんに行くときに、うっかり声をかけそびれて彼だけを置いていくようなことがあると大変。周りはそんなつもりはなかったのに、本人は「仲間はずれにされた」と落ち込んでしまいます。また、上から目線で指図されたり、偉い人からテキトーに扱われたりすると、すぐにへそを曲げてしまうような幼い部分も。つまり、自分を持ち上げてもらえないとイヤなのです。

　キャリアが上になればなるほど、彼の堂々とした態度や率直な発言が周りから恐れられてしまうことも。本人にその気はなくても威圧的なムードを与えてしまう可能性があるので、本来もっている優しさや思いやりを意識的に発揮する必要が出てくるでしょう。

うれしい推され方・苦手な推され方

「とにかく、ちやほやされたい！」という願望が強いマインドナンバー4の彼。現場ではキャーキャー叫ぶと、顔やポーズはカッコつけながらも、心の中ではニヤニヤ喜んでくれるはず（笑）。SNSでは彼のポストにひたすら「いいね！」を押すこと。また、彼の写真をあなたが撮影してアップすることが可能な状況であれば、イケてる写真をどんどんアップしてメンションすると、喜んでくれるでしょう。彼が初めて作詞した曲や彼にとって思い入れの強い作品など、本人が大事にしている過去のエピソードに触れるのも好感度大です。

NGなのは、彼のハートが傷つく発言。「意外とかまってちゃんですよね（笑）」なんてからかうのは絶対にダメ！

マインドナンバー4の有名人

稲垣吾郎／坂本昌行（20th Century）／堂本剛（KinKi Kids）／丸山隆平（SUPER EIGHT）／亀梨和也（KAT-TUN）／中島裕翔（Hey! Say! JUMP）／宮田俊哉（Kis-My-Ft2）／深澤辰哉（Snow Man）／タクヤ（超特急）／ØMI（三代目 J SOUL BROTHERS from EXILE TRIBE）／川尻蓮（JO1）／金城碧海（JO1）／佐野雄大（INI）／RYOKI（BE:FIRST）／SOTA（BE:FIRST）／S.COUPS（SEVENTEEN）／WONWOO（SEVENTEEN）／WOOZI（SEVENTEEN）／I.N（Stray Kids）　など

推しのマインドナンバーが「5」なら

トップに立つために生まれてきた人

カリスマ絶対王者

よくも悪くも自分の意志を貫く

頭脳明晰(めいせき)でアドバイスも的確

決めつけられるのが大嫌い

推しの性質

　長嶋茂雄さん、錦織圭さん、及川光博さん、森山未來さんなどからわかるように、カリスマ性があり、とにかく仕事ができる人です。発想力も知的好奇心も豊かでアクティブなので、芸能界など華やかな世界とは好相性。自分が絶対的なエースだという自覚がある分、クオリティの高いものを作らなくてはという使命を感じています。負けず嫌いで周りに弱音を吐くこともなく、努力に情熱を燃やします。

　聡明で自分の意見に自信があり、頑固なところも。好き嫌いもはっきりしていますが、正義感が強いため、陰口を言うことはなく、イヤなことがあれば相手に直接伝えます。困っている人には手を差し伸べることから、周りからも頼りにされるでしょう。

もしもつき合ったらどうなる？

　仕事をバリバリこなし、順調にお金を稼ぎ、地位も名誉も手に入れていく彼は、恋愛面でも女性をグイグイ引っ張っていく俺様タイプ。ロマンチックなムードを演出するのも意外と上手です。頼りがいがあり、運も強いので、将来も安泰でしょう。

　ただし、自尊心が強いので、彼との間に信頼関係を築けていたとしても、彼をからかったり、みんなの前で彼をネタにしたりしてはダメ。彼にほかの男性の話をするのもご法度ですし、元彼とのエピソードなど話そうものなら、不機嫌になって連絡が途絶えてしまうかも。それがきっかけで振られることにもなりかねません。常に「私が見ているのはあなただけ」という態度で接するのが賢明です。

仕事のスタイル

　堂々としたオーラの持ち主なうえに、特に仕事に関しては志が高く、自分にも他人にも厳しい彼。まだ若くてキャリアが浅いうちは周りからの嫉妬を買いやすいため、彼のことを面白くなく思っている人たちから足を引っ張られてしまうこともあるでしょう。ですが、もともと勝ち気で、敵を作ってしまうのも仕方がないと割り切っている彼にとっては、痛くもかゆくもありません。

　マンネリが苦手で、自分のやりたいことがハッキリしているので、それができない環境だと判断すると、さっさと組織やグループを脱退します。いつでも自分らしさを大切にしながら、得意なことを活かし、成功をつかんでいくでしょう。

推しの弱点

　何がなんでも我を通そうとするし、通るのが当たり前だと思っているところがあります。周りから反感を買うことはあるでしょう。

　また、「こういう歌い方しかできない」「この手のダンスしかできない」といったふうに、自分＝〇〇な人、と決めつけられるのが大嫌い。常に周りの期待を裏切って新しいことをやろうとするので、新曲が大ヒットしたかと思えば、次の曲は全然違うテイストでロクに売れなかったりなど、結果にアップダウンが出てきます。会社やグループのメンバーがそれを許してくれればよいのですが、そうでない場合は組織を離れて自分の居場所を作っていくしかありません。それを軽々とできてしまうのも、マインドナンバー５の人のすごさです。

> **うれしい推され方・苦手な推され方**

　周りの意見に左右されず、自分の気持ちを大事にするタイプ。まずは、彼が自分のパフォーマンスの中でもどんな部分にこだわりを持っているのかを徹底的にリサーチしましょう。本人が特に思い入れをもっている部分が見えてきたら、そこをとにかくほめること。それがマイナーな曲やパートであればあるほど、「この人は見る目がある」「自分の本物のファンなんだな」と認識してくれるはず。

　避けたほうがいいのは、昔のヒット曲を持ち出して「あの曲がいちばん好き」「またライブでやってほしい」などと熱くコメントすること。「今の自分を見てほしい」と思っている彼からは、「こいつ、全然わかってないな」と軽くスルーされてしまうでしょう。

マインドナンバー5の有名人

国分太一（TOKIO）／松本潤（嵐）／渋谷すばる／向井康二（Snow Man）／宮舘涼太（Snow Man）／高橋恭平（なにわ男子）／小島健（Aぇ! group）／カイ（超特急）／ハル（超特急）／NAOTO（三代目J SOUL BROTHERS from EXILE TRIBE）／與那城奨（JO1）／田島将吾（INI）／池﨑理人（INI）／JUN（SEVENTEEN）／DINO（SEVENTEEN）／YEONJUN（TOMORROW X TOGETHER）　など

推しの
マインド
ナンバーが
「6」なら

お世話するのが大好きな
コミュニケーションの達人

天性のフォロー上手

老若男女に優しく
サービス精神旺盛

こだわりが強く
神経質な面も

アドバイスする
のが生きがい

推しの性質

愛情深く、サービス精神が旺盛。おもてなしをするのが大好きです。たとえ大御所の立場であっても、みんなのいる場を盛り上げたり、さりげなく気を配ったりと、先輩・後輩の分け隔てなく接します。人助けにも積極的で、悩みを打ち明けると喜んで相談に乗ってくれるタイプ。そのため、老若男女を問わず仲良くなれるし、ピュアで優しい性格が伝わるのか、動物からなつかれることも珍しくありません。

真面目で勉強熱心なことから、一度好きになったものは自分が納得するまでどこまでも追求し続ける傾向があります。そのため、まるで研究者のごとく、興味のある分野を専門的に究めていく人も。大器晩成型で、年を重ねるごとに魅力が輝いていくでしょう。

もしもつき合ったらどうなる?

マインドナンバー6の人はやや古風で、昔ながらの常識を重視します。女性に対してはどちらかというと消極的。自分の心にいきなり土足で踏み込んでくるようなタイプの人は苦手でしょう。時間をかけて距離を少しずつ縮めながら、やがてプライベートな話をあなたに打ち明けてくるようになったら、それが心を開いているサインです。

つき合い始めてからもある程度の節度を保とうとするので、あなたのほうも「きちんと感」のあるファッションや態度を意識するとうまくいきます。彼の前でだらしない様子を見せたり、お酒を飲みすぎたりするのはご法度。それなりに神経質で潔癖な面がある彼にとっては、自分の彼女のみっともない姿は許せないのです。

仕事のスタイル

　山下達郎さん、井上陽水さん、福山雅治さん、米津玄師さんに代表されるように、メッセージ性の強い曲を自ら作って歌う人が目立ちます。マインドナンバー6には自分なりの考えのもとにアドバイスをするのが得意な人が多いのですが、その特性が表現活動においても、心の声が聴く人の胸にストレートに届くといったふうに発揮されます。

　自分が前に立つよりもサポート役に回るほうがどちらかというと得意で、組織やグループで縁の下の力持ちとして活躍します。ソロ活動をする場合は、「支えてくれるチームがあってこその自分」という感謝の気持ちを忘れません。挨拶もきちんとしていて礼儀正しいので、年上の人に可愛がられるでしょう。

推しの弱点

　義理人情に厚く人間味がある一方で、神経質な部分があります。そのため、無意識のうちに自分の細かいルールを他人にも押しつけてしまい、周りの人たちに息苦しい思いをさせてしまうこともあるかもしれません。また、自分自身に求めるレベルも高いので、頼まれた仕事を断れず、無理をしてでも引き受けてしまうところがあるでしょう。自分を必要としてくれることがうれしいからといって、倒れてしまっては元も子もありません。肉体的、精神的に厳しい状況に追い込まれる前に、断る勇気をもつことが大切です。

　また、なかにはお酒を飲んで酔っ払うと余計なことを言ってしまう人も。信用を失ってしまう前に自重したほうがよいでしょう。

> うれしい推され方・苦手な推され方

　アドバイスするのが好きなだけに、自分の助言がちゃんと役に立ったのかどうか、常に気にかけています。ですから、彼に喜んでもらうには、あなたが彼のアドバイスに従って行動したことを報告するのがいちばん。彼がおすすめしていたアイテムや食べものがあれば、実際に試してみて「私も買いました。これは便利ですね」「食べました。すごくおいしかったです！」と伝えてみてください。

　彼が苦手なのは、他人を思いやれない人。現場でうちわを高く掲げて後ろの人の視界を遮る、行列に割り込む、ゴミを平気で捨てていくなど、マナーの悪い行動はNG。「僕のファンにそんな人がいるなんて…」と悲しい気持ちにさせてしまいます。

マインドナンバー6の有名人

横山裕（SUPER EIGHT）／安田章大（SUPER EIGHT）／薮宏太（Hey! Say! JUMP）／八乙女光（Hey! Say! JUMP）／二階堂高嗣（Kis-My-Ft2）／ジェシー（SixTONES）／阿部亮平（Snow Man）／佐久間大介（Snow Man）／吉澤閑也（Travis Japan）／松倉海斗（Travis Japan）／松田元太（Travis Japan）／片寄涼太（GENERATIONS from EXILE TRIBE）／マサヒロ（超特急）／西洸人（INI）／SHUNTO（BE:FIRST）／Seungmin（Stray Kids）　など

推しの性質

スターになるために生まれてきた人。YOSHIKIさん、東山紀之さん、木村拓哉さん、竹内涼真さんなど、といえばピンとくるのではないでしょうか。マインドナンバー7の人にとって、自分のビジュアルを保つことは何よりも大事。見た目はもちろん、言葉や所作にも気を遣いながら、自分ならではの美の道を突っ走ります。

人前でみっともない姿を見せたくないので、内心では激怒していたり落ち込んだりしていても、ポーカーフェイスを保ちます。社交の場や接待などのシーンでも人当たりよく振る舞うことから、みんなからの好感度は抜群。本人も「こうすれば素敵な人に見える」とわかってやっているフシがあり、そのあざとさがまた魅力だったりします。

もしもつき合ったらどうなる？

ロマンチックで夢見がちな彼は、はっきりいって女性に対する理想がめちゃめちゃ高いです。彼のおめがねにかなうためには、どんなときであろうと気を抜くのは厳禁。身だしなみは常に整え、爪やムダ毛といった細かい部分もちゃんとお手入れをして、自分に磨きをかけるようにしましょう。ボロボロのインナーや下着が襟元からチラ見えするなんてもってのほかです。

彼は簡単につき合えそうな相手より、高嶺の花だったり、ツンデレだったりなど、ハードルの高い女性のほうが好み。LINEやメールで彼を上手にじらす、あざとかわいい笑顔や素振りでせまるなど、それなりの恋愛テクニックが必要になってくるかもしれません。

仕事のスタイル

　エレガントな自分でいたいのは、スポットライトを浴びているときだけでなく、ステージを降りてからも同じ。ファンだけでなくスタッフの前でも怒ったり、取り乱したりなどは絶対にしたくないので、いつでもにこやかに行動します。テレビ局や事務所のビルの警備員や清掃スタッフにも「お疲れさまです。いつもありがとうございます」と朗らか＆ナチュラルに声をかけていそうです。

　そんな親しみやすさとやや思わせぶりな態度は人を勘違いさせやすく、共演者からのその手のお誘いは日常茶飯事。でも、スキャンダルをきっかけに没落だなんて赤っ恥は、彼にとってはあり得ない屈辱。遊びの恋は避けるか、絶対にバレないように慎重に行うでしょう。

推しの弱点

　実は努力家で、見えないところでものすごく頑張っていたりもする彼。とはいえ、あまりに輝いているので、「たいした努力もしないまま、見た目で得してる」「イケメンだから何をしても許される」といった誤解や偏見をもたれることも少なくありません。そういった見られ方に対して、葛藤や残念な気持ちを抱くことはあるでしょう。

　グループで活動する場合、ビジュアル担当になれれば気分よく仕事ができるのですが、ほかにもイケメンがいて自分の存在感がかすむようなことがあると一気に凹みます。キャラ被りを避け、笑いを取るスタンスに自ら舵を切る人もいますが、本来は純粋にキラキラしていたい人。いじられる役が続くとストレスをためてしまうでしょう。

うれしい推され方・苦手な推され方

　美形の人が多く、童顔タイプも少なくないので、年を重ねてくると、若かった頃とのビジュアルの変化にファンが戸惑うこともあるでしょう。いくら推しとはいえ、「老けた」「若作りしすぎ」などと愚痴を言いたくなることもあるかもしれません。また、真偽のわからない噂話や恋愛ゴシップにモヤモヤさせられる可能性もあります。でも、彼を本気で推し続けるならば、あらゆる状況を含めてまるごと愛してあげる気持ちが大事。おおらかな心で見守ってあげてください。

　彼にとっていちばんイヤなのは、見た目を批判されること。髪型や体形、ファッションにケチをつけると、繊細なハートが美意識もろとも傷ついてしまうでしょう。

マインドナンバー7の有名人

木村拓哉／長瀬智也／加藤シゲアキ（NEWS）／中丸雄一（KAT-TUN）／菊池風磨（timelesz）／永瀬廉（King & Prince）／高地優吾（SixTONES）／大橋和也（なにわ男子）／小林直己（三代目 J SOUL BROTHERS from EXILE TRIBE）／山下健二郎（三代目 J SOUL BROTHERS from EXILE TRIBE）／数原龍友（GENERATIONS from EXILE TRIBE）／白濱亜嵐（GENERATIONS from EXILE TRIBE）／小森隼（GENERATIONS from EXILE TRIBE）／佐野玲於（GENERATIONS from EXILE TRIBE）／シューヤ（超特急）／鶴房汐恩（JO1）／SUGA（BTS）／J-HOPE（BTS）／Hyunjin（Stray Kids）／HAN（Stray Kids）　など

推しの
マインド
ナンバーが
「8」なら

納得がいくまで
自分を追い込む熟練者

こだわりの職人

作品のクオリティに
どこまでもこだわる

自分の好きなこと
しかやりたくない

本物を知る人に
理解されればいい

推しの性質

やりたいことを実現するためにストイックに自分を追い込み、目の前の壁を乗り越えていくタイプ。自分の信念があり、納得のいかないことにはノーと言える強さをもっています。完璧主義者で、こだわりを貫くためなら、周りを敵に回したとしても戦い抜くようなタフさと根性の持ち主です。

といっても、鋼の心臓をもって生まれたわけではなく、本来は純粋かつデリケート。自分が弱い部分をもち合わせていることを知っているからこそ、自らにムチを打って奮い立たせているのです。マインドナンバー8には、三宅健さん、山崎まさよしさん、サカナクションの山口一郎さん、RADWIMPSの野田洋次郎さんなどがいます。

もしもつき合ったらどうなる？

警戒心が強く、最初から他人にオープンな人ではないことから、はじめのうちはなかなか会話が弾まないかもしれません。自分の過去についてはあまり話したがらず、また、誰にも言わずに秘密にしていることも意外とあったりするので、個人的なことをガンガン質問するのはNG。時間をかけて距離が縮まってくると、彼のほうから少しずつ話すようになっていきます。そのときが来るのを待ちましょう。

家にこもるのが好きなうえ、人間関係に疲れやすいところもあり、ストレスを発散するために部屋でひとりで一日中ゲームやマンガに熱中することも。そんな彼を責めずに、軽いメールや電話だけはこまめにすると、仲のいい関係を続けていけるでしょう。

仕事のスタイル

　とにかくプロ意識が高く、作品をつくるときも、自分の体調やコンディションはもちろん、技術的な面やその場の環境などもかなり気にかけます。満足のいくものに仕上げたいという思いが強く、もしもそれができない状況ならば、休業するか引退するしかない、などと考えてしまうほど、極端なところもあります。

　彼は万人から好かれるつもりはありません。自分のことを本当に理解してくれる人だけがわかってくれたらいい、と思っています。ですから、一緒に仕事をする相手にも高いレベルを求めます。彼と同じく自己主張が強く、議論を戦わせることのできる相手と切磋琢磨しながら、よりクオリティの高いものづくりを実現していきたいのです。

推しの弱点

　グループで活動する場合、彼から見てクオリティ的にNGなメンバーがいると大変なことに。特に、歌が下手なくせにロクに練習しない、いつも同じところでダンスを間違えるなど、みんなの足を引っ張ってグループ全体のレベルを下げる人には厳しく当たります。その結果、グループの存続に関わるトラブルが起こる可能性も。

　また、苦手なテイストの衣装を着せられたり、興味のない音楽をやらされたりすることにも反発。最終的には自分の意見を押し通すか、所属事務所やグループをやめるかのどちらかになるでしょう。彼の性格とこだわりを理解して受け容れてくれるマネージャーや事務所に恵まれない限り、活動を長く続けていくのは難しいかもしれません。

> **うれしい推され方・苦手な推され方**

　彼は自分を曲げられない人。ライブで自分が歌いたくないときは歌わないかもしれないし、思いどおりのパフォーマンスができないとなったら、公演を中止する可能性だってあります。それに対して文句や愚痴を言うのではなく、「仕方ないよね」と彼の気持ちを受け容れるのが、正しい推し方です。

　自分のやり方に対してあれこれ言われるのはイヤだけど、自分が好きなものやリスペクトしている人の話題で盛り上がるのは大歓迎。彼のルーツや趣味の世界、興味のある分野を学んで、「あの人の〇〇がいいですよね」などとマニアックな話ができるようになると、「自分をよく理解しているファン」として一目置かれるでしょう。

マインドナンバー8の有名人

三宅健／二宮和也（嵐）／増田貴久（NEWS）／上田竜也（KAT-TUN）／大倉忠義（SUPER EIGHT）／橋本良亮（A.B.C-Z）／小瀧望（WEST.）／髙橋海人（King & Prince）／岩本照（Snow Man）／目黒蓮（Snow Man）／藤原丈一郎（なにわ男子）／七五三掛龍也（Travis Japan）／岸優太（Number_i）／今市隆二（三代目 J SOUL BROTHERS from EXILE TRIBE）／松田迅（INI）／LEO（BE:FIRST）／RYUHEI（BE:FIRST）／RM（BTS）／THE 8（SEVENTEEN）／SEUNGKWAN（SEVENTEEN）／HUENINGKAI（TOMORROW X TOGETHER）／Lee Know（Stray Kids）／Felix（Stray Kids）　など

推しのマインドナンバーが「9」なら

あれこれ器用で多才なムードメーカー

さすらいのノマド

- 役者とシンガーなど2つ以上の顔をもつ
- あっちこっちフラフラしていたい
- 興味の幅が広いのでみんなと仲良くなれる

推しの性質

　菅田将暉さん、中居正広さん、本木雅弘さん、ヒロミさんなどのように、マルチタスクを器用にこなす人が多いのが特徴。お笑いタレントでありながら演技派俳優として活躍する、グループに所属しながらソロ活動にも励む、日本で活躍しながら海外でもデビューするなど、2つの間を行ったり来たりする運命にあるようです。

　仮にひとつだけだとそこに情熱を注ぎすぎて、自爆してしまうことも。2つ以上のものを同時に進めるほうが、全部をちょうどいいバランスで続けることができそう。将来についても複数のパターンを考えています。芸能活動をやめて家業を継ぐ、海外で暮らすなど、今とはまったく違う道に進み、第二の人生を歩み始めるかもしれません。

もしもつき合ったらどうなる？

　マインドナンバー9は、常に同時進行でいろいろなことを考えている人。仕事と恋愛と趣味と人間関係の棒グラフがあるとしたら、そのうちのどれかが急に伸びて、その代わりに別のどれかがグンと下がる、というようなことが、彼の頭の中ではいつでも起こっています。

　そのため、ものすごく頻繁に連絡が来ていたのに、突然パタッと途絶える、なんてことも。不安になるかもしれませんが、そんなときは「何か別のことに夢中になっているのだろう」と思って気にしないのが正解です。腹が立つことがあっても、ガミガミとしかりつけないことが大事。同時進行が当たり前の彼なだけに、浮気相手を作ってそちらを逃げ場にしてしまうかもしれません。

仕事のスタイル

フレンドリーで親しみやすいのがマインドナンバー9の人。正義感が強く、差別やえこひいきが大嫌いな博愛主義者なので、みんなから煙たがられている上司やダメな後輩にも温かく接します。鋭い洞察力を活かして、落ち込んでいる仲間がいれば食事に誘い、さりげなく話を聞き出すなど、上手にアシスト。グループやチームのムードメーカーとして、みんなから重宝されるでしょう。

メインの仕事以外に副業やバイトをしたり、昼と夜の仕事を掛け持ったりすることも苦になりません。そのため、本業の人気が下火になったとしても、別の仕事をしながら自分のペースでコツコツ続けていくという選択肢もありそうです。

推しの弱点

2つ以上のことを並行してやるぶんにはスムーズなのですが、ひとつのことだけに集中すると、そこから逃げ出したくなりがち。例えば、ツアー先でメンバーやスタッフとワイワイ行動していたかと思えば、ひとりの時間がほしくなって、突然、輪から離れて単独行動を取り、行方不明になるなど。おかげで周りに心配をかけて、怒られることもあるでしょう。でも、本人はそれが許されないとイヤなのです。

常に変化を求めることから、同じ場所にい続けなくてはならないような状況だとフラストレーションがたまります。あまのじゃくでほめられても素直に喜べないなど、何かと複雑な性格が周りから誤解されて、人間関係がギクシャクすることもありそうです。

> うれしい推され方・苦手な推され方

　俳優でありミュージシャン、アイドルでありプロデューサーなど、2つ以上の立場で活動しがちですが、実は、性格にも二面性があります。さっきまで言っていたことと真逆のことを言い出したりするのも、彼にとっては当たり前。例えば、「テレビの音楽番組には絶対に出ない」と言っていたのに、突然うれしそうに出始める、なんてことも。

　それに対して「結局、出てるじゃん！」「めっちゃ矛盾してない？」などとツッコミを入れると、しょんぼりしてしまいます。そうではなく、コロコロ変わってしまう彼を温かい目で見守ってあげるのが正解です。「変わっていくところが面白いな」「何かの影響を受けたんだろうな」とポジティブに受け止めてあげましょう。

マインドナンバー9の有名人

中居正広／井ノ原快彦（20th Century）／城島茂（TOKIO）／松岡昌宏（TOKIO）／山下智久／錦戸亮／山田涼介（Hey! Say! JUMP）／知念侑李（Hey! Say! JUMP）／横尾渉（Kis-My-Ft2）／田中樹(SixTONES)／西畑大吾（なにわ男子）／大西流星（なにわ男子）／道枝駿佑（なにわ男子）／長尾謙杜（なにわ男子）／中村海人（Travis Japan）／ユーキ（超特急）／岩田剛典（三代目 J SOUL BROTHERS from EXILE TRIBE）／佐藤景瑚（JO1）／許豊凡（INI）／高塚大夢（INI）／MANATO（BE:FIRST）／JUNG KOOK（BTS）／MINGYU（SEVENTEEN）　など

言葉のパワーで推し活運をアップ！

（ マインドナンバー別 ）
願いをかなえるお祈りフレーズ

日本には古くから「言霊(ことだま)」といって、口から発した言葉には特別な力が宿るという考え方があります。あなたにふさわしいお祈りフレーズを唱えて、幸運を引き寄せましょう！

マインドナンバー1のあなたの 幸運引き寄せフレーズ

絶対に●●するぞ〜！

マインドナンバー1の人は自分に正直。「●●したい！」という強い気持ちや「●●になる！」という思い込みが夢をかなえるエネルギーになるので、「絶対」という言葉を使うことが開運に。

マインドナンバー2のあなたの 幸運引き寄せフレーズ

●●になったらいいな♬

あなたはもともと、自分が思い描いた夢がいつのまにか実現してしまうという、奇跡を起こす力の持ち主。「こうなったらいいな」という願いを素直に口にして、どんどん引き寄せましょう。

マインドナンバー3のあなたの 幸運引き寄せフレーズ

●●になると信じています！

誠実でまっすぐなハートを持っていることがマインドナンバー3の人の強み。あなたの「信じています」という言葉には誰もが納得するような重みがあり、そのパワーが幸運を引き寄せるはず。

マインドナンバー4のあなたの 幸運引き寄せフレーズ

あなたを愛しています♡

9つのナンバーの中でも上位に食い込むほどの強運の持ち主。いわゆる幸運体質です。推しへのピュアな思いをシンプルな言葉で発することで、推しとのご縁が強化されていくでしょう。

マインドナンバー5のあなたの 幸運引き寄せフレーズ

あなたを応援しています☆

自らの惜しみない努力と向上心で夢をつかみ取ることができるタイプ。余りあるそのパワーを推しにも分けてあげるイメージで推しの幸せを願うと、推しとつながる確率がアップします。

マインドナンバー6のあなたの 幸運引き寄せフレーズ

いつも頑張ってるね♡

誰かをサポートすることに対して強い力を発揮できるのがマインドナンバー6の人。推しが努力している姿をイメージしながら「頑張ってるね」と応援すると、推しのパワーがアップします。

マインドナンバー7のあなたの 幸運引き寄せフレーズ

あなたの●●が大好き♡

あなたにとって推しのどんなところが魅力的なのかを具体的に口にすることで、思いが推しに届くでしょう。さらに周りの人にも公言すると、チケットやグッズを入手できる運もアップ！

マインドナンバー8のあなたの 幸運引き寄せフレーズ

私はあなたの味方！

あなたは、推しがどんな人生を選択しようと応援し続ける貴重な存在。「推しが自分らしく生きられますように」という思いを込めてこの言葉を唱えると、推しの迷いや不安が解消されるかも！

マインドナンバー9のあなたの 幸運引き寄せフレーズ

すべてうまくいきます☆

2つのことを並行して行うと物事がうまくいくのがマインドナンバー9の人の特徴。推しの夢とあなたの夢が同時にかなっているところを想像しながら唱えると、よい方向に進み始めます。

見かけたら幸運のサイン！
エンジェルナンバーから メッセージを受け取ろう

エンジェルナンバーは天使があなたに幸運を伝えるサイン。代表的なのがゾロ目です。
時計やナンバープレートなどに現れたら、どんな意味があるのかをここでチェック！

ANGEL NUMBER 1 のゾロ目

「新たな一歩を踏み出しましょう」というメッセージ。次のステージへと進むときです。今まで停滞していたことも動き始めるでしょう。行ったことのない場所を訪れること、ひとりで行動することが幸運を招きます。また、自分の直感や本能に従って動くことも大切。あなたの感覚を信じて突き進んで。

ANGEL NUMBER 2 のゾロ目

奇跡のサイン。運命的な出会いやめったに起こるはずのない出来事が訪れる可能性があります。感度を上げて気分よく過ごすことでパワーを発揮できるので、ストレスになる行動は避け、推しのことをたくさん想像しながら過ごしましょう。できるだけ具体的に思うことで、引き寄せ力がアップします。

ANGEL NUMBER 3 のゾロ目

「健康をきちんと管理してください」というメッセージです。推しの大事なイベントの前に体調を崩したりしないように、日頃からヘルシーな食生活や質のよい睡眠を心がけておきましょう。体力づくりや運動不足解消のために、軽いエクササイズやストレッチなどを取り入れるのもおすすめです。

ANGEL NUMBER 4 のゾロ目

大事なものを忘れたり、なくしたりしないように、持ちものをしっかり管理しましょう。推しの現場に行くときは財布やチケットの忘れものがないか、買ったばかりのグッズをどこかに置き忘れていないかなど要チェック。お気に入りのアイテムを整理整頓することで運気が上昇するサインでもあります。

ANGEL NUMBER 5 のゾロ目

人生がガラリと変化するような出来事が起こりそうな暗示です。自分から大胆な動きをすればするほど、チャンスをつかめます。受け身の姿勢で待つのではなく、積極的に行動することが大事。普段なら躊躇してしまうようなことにも勇気を出してチャレンジすることで、新たな可能性が開けます。

ANGEL NUMBER 6 のゾロ目

丁寧なコミュニケーションを心がけたいとき。お世話になっている人に感謝の気持ちを伝えたり、ささやかなプレゼントを渡したりしてみて。グッズを譲ってもらえる、耳寄りな情報を教えてもらえるなど、推し活がスムーズに。現場で素敵なファンを見かけたときは、自分から話しかけてみるのも◎。

ANGEL NUMBER 7 のゾロ目

「すべてうまくいくよ」という、最高にうれしい暗示です。まずは余計なことは考えず、自分が幸福で満たされているところを想像し、不安などのネガティブな気持ちを取り払いましょう。「お先にどうぞ」と譲る精神で誰に対しても親切にし、口角を上げて過ごすと、さらなる幸運を引き寄せられます。

ANGEL NUMBER 8 のゾロ目

仕事運や金運が上がるサイン。うまく進んでいなかった作業や交渉がスムーズに動き出す、給料アップ、臨時収入が舞い込むなどの可能性あり。お金を大切に扱うとよいときなので、財布の中身の整理や買い替えもおすすめ。推し活にお金を使う場合は、気持ちよく支払うとやがてお金が戻ってきます。

ANGEL NUMBER 9 のゾロ目

「約束を果たしましょう」というメッセージ。誰かと誓った約束や、またはあなた自身が「●●したい！」と願ったことを実現するために動くべきときです。他人の顔色をうかがったり、空気を読んだりせずに、自分の思いを貫くことが大事。お金や時間がかかるとしても、夢をかなえるために行動して。

> チケット当選、
> 神席ゲット、
> ファンサ祈願
> etc.

マインドナンバーでわかる、
あなたの推し活運を爆上げする方法

「チケットを当てたい」「神席をゲットしたい」「推し活費用がほしい」etc. 推し活にまつわる願いをかなえるための開運テクニックを伝授します。マインドナンバー別の推し活疲れ対策も要チェック！

あなたのマインドナンバーが「1」なら

MIND NUMBER 1

単独行動も全然苦じゃない
推しを追ってどこまでも！
ぼっち上等派

あなたの性質

ぼっち参戦、つまり、ひとりでも躊躇なくライブに参加できるのが、メインナンバー1の人の強み。日本はもちろん世界のどこへでも、推しを追いかけて飛び回ります。例えば、推しが海外のフェスに短時間だけ出演するときなど、ほかのファンが誰も行かないような遠征先を選ぶと、「私はそのへんのファンとはひと味違うよ」という自信や誇りにつながって、満足度が高まるでしょう。推しからも「わざわざこんなところまでありがとう！」と認知してもらえる確率が上がりそう。

そもそもマンネリが苦手で、新しいものが大好きなあなた。推し活を通して知らない土地に出かけて、異なる文化や習慣に触れるのは、あなたの人生にとって大きな刺激となるでしょう。

もしも推しとつき合ったらどうなる？

一度狙った相手にはストレートな言葉でアタックするなど、大胆にアプローチするあなた。何事も白黒ハッキリさせたいので、彼の態度が煮え切らないと、イライラしてしまいそう。

そのわりに、いざつき合い始めると、意外と乙女っぽい部分が出てきたりするのがかわいいところ。普段はサバサバしているのに、彼にはどっぷり甘えて過ごすようなギャップが魅力です。独占欲も強く、彼の帰りが遅かったり、女友達と二人きりで会ったりされると、気が気ではないでしょう。ついつい彼のスマホを盗み見したのがバレて、大ゲンカに発展しないように気をつけて。結婚後は、仕事も育児も家事もしっかりこなすスーパーウーマンになりそうです。

運気を上げる行動・下げる行動

ひとりで突っ走るほうが輝けるタイプ。みんなと一緒に行動するのが悪いわけではないのですが、どういうわけか、ひとりで動いているときのほうが幸運を引き寄せます。例えば、遠征先で推し活仲間たちと晩ごはんを食べたあと、みんなと別れてひとりで街を散歩していたら、推しにバッタリ遭遇した、といった具合です。

没頭すると、ほかの人とのコミュニケーションが取れなくなるくらいハマってしまう一面も。推し中心の生活になるのはいいとして、それが原因で職場の人たちや家族との折り合いがつかなくなると、運気を下げてしまうことに。自分が好きなことを存分に楽しむために、事前に周りに根回しすることも忘れないようにしましょう。

推し活資金を増やすには？

貯めることよりもガンガン稼ぐことに魅力を感じるタイプ。副業で資金を増やすなら、一気に効率よく稼げる仕事が向いています。もしも体力があるならば、工事現場の交通整理や夜勤のバイトなど、現場仕事で収入を稼ぐのもいいかもしれません。

興味のないものは安く済ませるけれど、気に入ったものにはとんでもない金額を払うといったふうに、節約家なのか浪費家なのかわからないところがあります。みんなの前で大盤振る舞いしてしまうこともあり、それではせっかく貯めた推し活資金が水の泡。金銭感覚が優れているマインドナンバー３や６の人、ストイックなマインドナンバー８の人と一緒に行動し、歯止めをかけてもらうのもいいでしょう。

マインドナンバー1の ラッキーフード

- おにぎり
- ポテトサラダ
- 卵焼き
- パスタ
- ピザ
- きんぴらごぼう
- 茶碗蒸し
- とんかつ
- カツ丼
- おでん
- たこ焼き
- ふりかけ

マインドナンバー1の ラッキースポット

- ハワイ
- イタリア
- スペイン
- ベトナム
- インドネシア
- モンゴル
- 青森
- 千葉
- 山口
- 福岡
- 鹿児島

マインドナンバー1の ラッキーアイテム

- 帽子
- ヘアアクセサリー
- 美髪に効くグッズ
- 頭皮ケアアイテム

マインドナンバー1のあなた専用

マインドナンバー別
推しの心に刺さるキラーワード

推しと直接コミュニケーションを取るときや、ファンレターを書くとき、SNSにコメントするときに活用すれば相手のハートに刺さるかも♡

マインドナンバー1の推しには…

「そんなことができるのは〇〇くんだけ！」

チャレンジするのが大好きな推しのハートをくすぐるフレーズ。嘘やごまかしが嫌いな彼だけに、おだてではなく、本気で伝えることが大事。

マインドナンバー2の推しには…

「オリジナリティがあって最高！」

アーティスト肌の彼への最高のほめ言葉。彼は自分のペースを乱されるのが苦手なので、「次のリリースはいつですか？」など焦らせるのはNG。

マインドナンバー3の推しには…

「そんなやり方があるんですね、すごい！」

とにかく知識が豊富なのが彼の自慢どころなので、とことん持ち上げて。彼は自分の存在価値にますます自信をもって輝けるようになるでしょう。

マインドナンバー4の推しには…

「〇〇くんはどこにいても目立ちますね！」

堂々たる風格でスポットライトを浴びていたい彼は、この言葉に思わずニヤリ。あなたがエールを送り続けると、彼の運気が上がる可能性あり。

マインドナンバー5の推しには…

「〇〇くんのおかげで、私たち頑張れてます！」

あなただけでなく、あなたの周りの人たちも感謝していることを伝えると素直に喜ばれます。逆に「もっと頑張って」は「何様？」と思われるかも。

マインドナンバー6の推しには…

「細かいところまでこだわっていて、すごい！」

彼の繊細な感性をほめたたえると、さらにやる気がアップします。「あ、ごめんなさい、こだわってるの気づかなかったです」などにはガッカリ。

マインドナンバー7の推しには…

「ほんと、愛されキャラですよね！」

心からうらやましそうに言うと、彼は「そうでしょ？」とニヤニヤ。「え、あのとき、いましたっけ？」などはシャレにならないほど落ち込みます。

マインドナンバー8の推しには…

「周りから頼りにされて、すごいですね！」

実は見えないところで頑張っている彼。努力が報われた、と思うでしょう。「結構、地味ですよね」など、存在感を打ち消すような言葉はやめて〜！

マインドナンバー9の推しには…

「ほんと、なんでもできちゃうんですね〜！」

器用なところをほめてあげると、彼のモチベーションはますますアップ。「正直、何がしたいのかわからないです」はグサリと突き刺す言葉。

「推し疲れ」の原因と対策

人見知りをしないので友達が多そうに見えて、他人を見る目はなかなかにシビア。心を許してつき合える友人は2〜3人程度かもしれません。推し活仲間もそんなにたくさんは作りませんが、仲間意識が強いので、一度仲良くなると家族のように大切にするでしょう。

とはいえ、推し活仲間から延々と連絡が来たり、質問攻めにされたりするとうんざりしてしまい、推し疲れの原因に。「最近忙しくて」などと理由をつけて連絡を取り合うのを控えたり、単独行動する機会を増やしたりしながら、上手に距離を取っていきましょう。もともとひとりで過ごすのが好きで、あまり寂しさも感じないタイプなので、つき合いでいろんな人に関わるよりは気がラクなはずですよ。

推し活のための美容&健康術

ほかのナンバーの人に比べると精神力が強く、気力だけで推しを追いかけてあちこち飛び回るところがあります。疲れて倒れてしまう前に、休息を取ることを意識しましょう。おすすめのケア方法はリンパマッサージ。サロンでプロの手を借りるのももちろんよいですが、できれば普段からお気に入りのアロマオイルやクリームでセルフマッサージを行うのが理想的です。

食事は味の濃いもの、カロリーの高いものを好む傾向あり。ストレスがたまると爆食いしやすく、大好きな炭水化物を食べすぎて体重が増えてしまった、なんてことも。ですから、そもそもストレスをためないことが肝心。日帰りの遠出やプチ旅行でこまめに気分転換を。

あなたのマインドナンバーが「2」なら

MIND NUMBER 2

推しの歌やダンスを本人になりきって披露!?
妄想からの暴走さん

- センスを活かして推しに愛を捧げる
- 想像力が豊かな感覚人間
- 思い込みが強すぎるところも

あなたの性質

　自分のセンスや得意分野を活かして輝けるのがあなたの最大の特徴。それは推し活においても同じです。絵が上手なら推しの似顔絵やオリジナルのキャラクターを描いたり、歌やダンスがうまいなら完コピしてSNSにアップしたり、推しのうちわを器用に作ったりなど、推し活をクリエイティブに楽しみます。空想の世界に浸るのが好きで、推しのことを考えるだけで一日何時間でもぼんやり過ごせます。

　みんながうらやむようなシンデレラストーリーを手に入れる人が多いのも、マインドナンバー2。「推しと仲良くなりたいな〜」なんて妄想していたら、本当に推しと友達になったり、おつき合いや結婚に発展したりするケースも少なくありません。

もしも推しとつき合ったらどうなる？

　あなたの推しに包容力があり、共通の趣味があるなど価値観が似ている相手であるならば、二人はよいカップルになれるでしょう。あなたは女友達との気楽な時間よりも、恋人に癒やしを求める傾向があります。ですから、彼があなたのことを大切に思ってくれて、相談ごとや愚痴も真剣に聞いてくれるようなタイプなら間違いなし。

　ただし、嫉妬深いところがあり、彼とつき合ってからも「ほかのファンの子とも何かあるのでは？」などと悪い妄想を繰り広げてしまいかねません。そんなときは勝手に不機嫌を決め込まず、納得のいくまで彼と話し合うことが大切です。結婚や出産後は家族との時間を優先しながらも、仕事もきっちりこなしていけるでしょう。

運気を上げる行動・下げる行動

　自分の可能性を信じて進むことによって、運が開けていきます。推しのライブの抽選に応募するときは「当たらなそうだな〜」なんて弱気になっちゃダメ！　当たることを前提に、当日着ていく服やセットリストの予想までしながら応募するほうが、当選確率が上がります。

　気をつけたいのは、才能があふれるあまり、個性的すぎて誰にも理解されないものを作って、推しや推し活仲間にプレゼントすること。独りよがりの行動は運気を下げるもとです。また、推しへの熱い手紙やメッセージも内容に要注意。「最近、喉の調子が悪いのでは？」と勝手な思い込みにまかせて意見を言うのは、余計なお世話です。相手の立場になって冷静に考えることを習慣づけましょう。

推し活資金を増やすには？

　資金を増やしたいからといって、睡眠時間を削って働くなど、不規則な生活になってしまうのはNG。結局は疲労回復のためにお金を使うことになるので、それでは稼いだ意味がありません。得意なことを活かせる副業やバイトで、収入を増やしましょう。例えば、手先が器用ならハンドメイドの雑貨を売る、絵が上手ならLINEスタンプを作って販売するなど。「やりたいけど、なかなかチャンスがない」と言い訳せずに、才能を自分から売り込んでいくことも大事です。

　もともと金運は強いのですが、くじ運やギャンブル運もいいので、うっかり中毒になる可能性も。気づいたら推し活そっちのけでギャンブルに夢中、なんてことにならないように気をつけて。

マインドナンバー2の ラッキーフード

- 創作料理
- キッシュ
- スパイスカレー
- 納豆
- 生春巻き
- バーニャカウダ
- エスカルゴ
- あんみつ
- わたあめ
- ドーナツ
- かき氷

マインドナンバー2の ラッキースポット

- フィンランド
- メキシコ
- アフリカ
- ドバイ
- オランダ
- ネパール
- 北海道
- 三重
- 滋賀
- 香川
- 沖縄

マインドナンバー2の ラッキーアイテム

- つけまつ毛
- まつ毛のエクステ
- サングラス
- カラフルなアイテム

マインドナンバー2のあなた専用

マインドナンバー別
推しの心に刺さる
キラーワード

推しと直接コミュニケーションを取るときや、ファンレターを書くとき、SNSにコメントするときに活用すれば相手のハートに刺さるかも♡

マインドナンバー1の推しには…

「なるほど、その手があったか～!」

センスのいいあなたにそんなふうに言われたら、相手もうれしいはず! 腹が立つのは「あー、あるあるですね」と軽く片づけられること。

マインドナンバー2の推しには…

「誰も思いつかないですよ。さすが!」

推しが奇抜なアイデアを発案したときは、この言葉ですかさずフォローして。逆に「どこかで見たことあるかも……」は彼のハートがズタボロに。

マインドナンバー3の推しには…

「なんでも知ってますよね。すごい!」

推しはご機嫌モードになり、ますますしゃべりたくなるでしょう。「それ、聞いたことあります」は、本当だとしても彼の前では避けたいフレーズ。

マインドナンバー4の推しには…

「〇〇くんはオーラがすごすぎ」

独特のムードを演出したい彼にはよだれが出るほどうれしい言葉。「すごいセンスですね～」はいい意味なのか悪い意味なのかよくわからず、微妙。

マインドナンバー5の推しには…

「いてくれるだけでファンには心強い!」

忙しくてちょっとお疲れ気味の様子の推しには、この言葉を。自分の存在そのものがみんなの支えになるならば、と心を立て直してくれるでしょう。

マインドナンバー6の推しには…

「そのアイデア、最高～!」

練りに練ったアイデアやプランをわかってもらえると、ますますやる気がアップ。「そこまでやる必要あるんですか?」なんて言われるとチーン。

マインドナンバー7の推しには…

「いつもおしゃれですよね!」

センスに自信のある彼にとって、ファッションや髪型をほめられるのはいつでもウェルカム。「あれ? 太りました?」は地獄に落とすようなもの。

マインドナンバー8の推しには…

「いつもありがとうございます」

推しへの感謝の気持ちをシンプルに伝えると、彼の心に響いて好感度が一気にアップ。逆に「たまにはファンにも感謝ですね」にはイライラ。

マインドナンバー9の推しには…

「器用でうらやましい!」

推しの素晴らしいところを心からほめましょう。無邪気に喜んでくれるはず。「〇〇くんは悩みなさそうでうらやましい」はデリカシーがなさすぎ。

「推し疲れ」の原因と対策

　そのときの体調や気分によって、自分がどうしたいのかに結構な差があるのもあなたの特徴のひとつ。推しのライブ後に推し活仲間と明け方まで語りつくすほど元気な日もあれば、食事だけサクッと終わらせてさっさと寝たいというお疲れの日もあるでしょう。

　いずれにしても、いちばん強いのは「推しの現場に向けて気持ちを集中させたいし、体力も温存したい」という思い。ですから、現場に行く前に推し活仲間と行動中、自分の気力や体力が追いつかないことにつき合わされたり、現場に着くのがギリギリになったりすると、推し疲れにつながってしまいます。推し活仲間とは、あなたのペースで自由気ままにつき合えるような関係を築いていきましょう。

推し活のための美容&健康術

　普段はすごく穏やかなのに、何かのきっかけでスイッチが入ると感情が爆発したり、自暴自棄になったりと、極端なところがあります。現場後の飲み会でワイワイ騒ぐときもあれば、隅っこで静かにしているときもあり、周りから「何を考えているのかわからない」と言われることも。つまり、あなたはとても繊細で複雑なのです。

　だからこそ、美容と健康のためにはストレス発散がカギ。歌ったり、絵を描いたり、料理をしたりなど、自分のセンスを発揮できる時間が格好のリフレッシュになるでしょう。ただ、細かい作業に集中するのが好きなので、目に疲れが出やすいかもしれません。意識的に目を休ませるなどして、負担をかけすぎないように注意して。

あなたの
マインド
ナンバーが
「3」なら

推し活をマナーよく楽しむ
お手本的な存在

THE ファンの鑑(かがみ)

迷惑をかけないように
計画的に行動する

レトロなものが好き
歴史にも興味あり

いちばん苦手なのは
行き当たりばったり

あなたの性質

　推しに失礼なことはせず、他人にも迷惑をかけず、節度をもって推し活を楽しめるあなたは、まさにファンの鑑。きちんとファンクラブに入り、正規のルートでチケットを買い、出待ちや入り待ちといった追っかけもしません。周りの推し活仲間からも「あの人はきちんとしている素敵な人」と一目置かれているはずです。

　計画的に動く性分で、遠征に行くときは旅全体のプランを事前に細かく決めるタイプ。古いものや歴史のあるものが好きなので、現地の神社仏閣や老舗のお店を見て回りながら楽しむのが向いています。会場までの行き方やトイレの場所もしっかりリサーチ。推し活仲間にアドバイスしてあげて、喜ばれることも多いでしょう。

もしも推しとつき合ったらどうなる？

　出会った瞬間にお互いが恋に落ちるようなドラマチックな恋愛に憧れるのは、自分が真逆のタイプだという自覚があるからではないでしょうか？　そう、あなたは恋心をゆっくりと育てるタイプ。いったん好きになると一途ですが、慎重なので、距離を縮めていくのに時間がかかるでしょう。最初は友人や仕事仲間といった間柄から始まり、気づいたらおつき合いしていた、というケースもありそうです。

　一度つき合い始めると、交際が長く続きます。彼の悩みや相談ごとの聞き役に回ることが多いでしょう。完璧主義なところがあるので、結婚後は家事も育児も抱えすぎないように気をつけて。なんでもやりすぎると感謝されるどころか、ワンマンな人に見られてしまいます。

運気を上げる行動・下げる行動

　運気が上がるのは部屋の掃除など、クリーンな行動。スーパーマーケットで商品が床に落ちているのを見かけたら拾って元に戻すなど、自分がその場を乱したわけでなくてもきちんと整えることが、開運へとつながっていきます。

　逆にNGなのは、他人のペースに無理に合わせること。準備ができていない状態で動くのはあなたの性に合いません。友人から「今日のチケットが急に一枚余ったんだけど、行けない？」と連絡が来たからといって、仕事を突然早退したり、別の約束をドタキャンしたりしてライブに向かうといった行動は運気を下げます。あなた自身も心のどこかに引っかかりが残り、手放しでは楽しめないはずです。

推し活資金を増やすには？

　知的なあなたは学ぶのが好きなだけでなく、教えるのも上手。副業をするなら、塾の講師をする、ワークショップやセミナー、講座を開くなど、豊富な知識と教え上手なところを活かせることがよいでしょう。マインドナンバー3の人には、特に教師を目指していなかったとしても、教職の免許やいろいろな資格を持っている人が多く、それを活用して副収入を得るのもおすすめです。

　株の売買など、投資で儲ける才能もあるようです。ただし、大金を動かすような度胸は持ち合わせていません。手持ちのお金を少しずつ投資に回しながら長期的に増やしていくような、できるだけ地道なやり方のほうが向いています。

マインドナンバー3の
ラッキーフード

- 味噌汁
- 蕎麦
- 鯖味噌
- 精進料理
- 刺身
- 漬物
- 点心
- セリ鍋
- にゅうめん
- 海苔
- さつまいも
- 甘酒
- ハーブティー

マインドナンバー3の
ラッキースポット

- ブータン
- スウェーデン
- オーストリア
- フィジー
- ギリシャ
- 台湾
- 岩手
- 福島
- 福井
- 島根
- 愛媛

マインドナンバー3の
ラッキーアイテム

- リップ
- グロス
- 歯ブラシ
- グルーミングキット

マインドナンバー3のあなた専用

マインドナンバー別
推しの心に刺さる
キラーワード

推しと直接コミュニケーションを取るときや、ファンレターを書くとき、SNSにコメントするときに活用すれば相手のハートに刺さるかも♡

マインドナンバー1の推しには…

「なかなか真似できないですよ」

我が道を突き進む推しの姿に感動したときは、すかさずこのフレーズを投入。「将来はどうするつもりですか？」など、水を差す発言は無謀すぎ。

マインドナンバー2の推しには…

「そんなことを考えつくのがすごい」

独創的なアイデアでみんなを楽しませてくれる彼。その柔軟な発想をほめましょう。逆に傷つけてしまうのは「考えるだけなら自由ですよね」など。

マインドナンバー3の推しには…

「勉強になります！」

人に何かを教えるのが上手な彼には、その教えがちゃんと届いたことを伝えましょう。「こうするのはどうですか？」は完全に余計なお世話。

マインドナンバー4の推しには…

「隅から隅までカッコいいです！」

性格、発言など内面的なことからファッションなど外見的なことまで、まとめて持ち上げて。「その色は似合わないのでは？」などの指摘はご法度。

マインドナンバー5の推しには…

「誰も○○くんにはかなわないです！」

彼が圧倒的な王者であることをひたすら讃える言葉を投げかけて。「意外と普通なところもあるんですね」はほめているつもりでも相手はしょんぼり。

マインドナンバー6の推しには…

「話がめちゃめちゃ面白いです」

コミュニケーション能力に自信がある彼には、この言葉は響くはず。「話すと止まらないタイプですよね」は本当のことだけに彼的にはショック。

マインドナンバー7の推しには…

「立てても歩いてても素敵！」

ファッションだけでなく振る舞いもほめられたら、彼は舞い上がってウキウキモード。「昔とだいぶ変わりましたね」は暗に「老けた」と聞こえます。

マインドナンバー8の推しには…

「意見がすごく参考になります！」

自分が発したメッセージを素直に受け取ってくれたことに、こだわり屋の彼も大満足。「え、どういう意味ですか？」は話の腰を折る地雷ワード。

マインドナンバー9の推しには…

「引き出しがめっちゃ多いですよね！」

彼の「広く浅く」な性質を上手にほめるには、この言葉がベスト。「私ならそこまでできません」はほめているのか否定しているのかかなり微妙。

「推し疲れ」の原因と対策

　ズバリ、マインドナンバー3の人の推し疲れの原因となるのは、ルーズな推し活仲間とのつき合いです。
　普段からスケジュールをきっちり管理しながら、時間を厳守して動きたいあなた。何時にどの電車に乗り、何時にどの店を出て、何時にホテルにチェックインするかなど、すべて頭の中に入っています。そのぶん、一緒に行動する相手がモタモタしやすい人や遅刻の常習犯だと、あなたのストレスは急上昇。急に「おみやげ屋に寄りたい」と言い出したり、行くのか行かないのかハッキリしなかったりするのも許せません。たとえ本人に悪気はなくても、あなたのペースを乱す相手とは別行動を取るのが、あなたのためです。

推し活のための美容&健康術

　マインドナンバー3の人は、周りの人に甘えたり、弱音を吐いたりするのが苦手。全部を自分でやり遂げようとして、いつの間にかストレスを抱えがちです。不安や心配ごとにとらわれて、寝つきが悪かったり、眠りが浅かったりするのではないでしょうか。
　対策としては、オンとオフの切り替えをきちんとすること。岩盤浴でぼんやりしたり、オイルマッサージの施術でうとうとしたり、軽いエクササイズで身体を動かしたりして、頭を空っぽにする時間をもちましょう。たまには、推し活で地方に行くのではなく、温泉旅行をのんびり楽しむのも大切です。また、普段から呼吸が浅いので、ヨガなどで深い呼吸を心がけるのもよいでしょう。

あなたの
マインド
ナンバーが
「4」なら

MIND NUMBER 4

推しも大事だけど私も大事
推し活は華やかでなくちゃ！

キラキラ☆マダム

なんなら推しよりも
自分が輝きたい

ラグジュアリーな
遠征が好き

ケチケチしながら
過ごすのは苦手

あなたの性質

推しへの純粋な気持ちと、推し活をラグジュアリーに楽しんで自分を満たしたい気持ちが半々なのがマインドナンバー4の人。遠征するときは、オープンしたての話題のホテルや地元の人でもなかなか予約が取れないレストラン、有名なインフルエンサーがやっているセレクトショップやエステなどを予定に組み込むのが大好き。ライブだからといって汗をかいて汚れてもいい服を選ぶのではなく、エレガントなムードを出せるファッションを選ぶでしょう。

存在感があって目立つので、推しやファンから覚えられることも珍しくありません。自分に影響力があることを忘れずに、誤解を招きかねない強気な発言は控えるのが賢明です。

もしも推しとつき合ったらどうなる？

あなたは母性がかなり強い人。もしかしたら、あなたの推しはちょっと頼りない印象で、「守ってあげたい！」と思わせるようなところがあるのでは？　あるいは、推しがピュアに頑張っている姿にキュンキュンしているのかもしれません。

そんな彼と同棲や結婚をするなら、生活費はあなたが稼いで、彼には自分の活動で輝きながら、家事などもしっかりやってもらうというパワーバランスがベスト。そうすると、あなたのリーダー気質と女心の両方を満たすことができるでしょう。または、ビジネスセンスに長けているあなたのスキルを活かし、芸能事務所を立ち上げて、彼に所属してもらって二人三脚で頑張る、なんていうのもアリです。

運気を上げる行動・下げる行動

　華やかさが大事なマインドナンバー4の人にとって、ファッションアイテムを美しく管理することは運気アップにつながります。クローゼットを整理整頓しておくほか、洋服のお手入れも丁寧に。推しのTシャツにはアイロンをかけて、品よく着こなしましょう。

　一方、チケット代や交通費をケチるといった貧乏くさい行動は、あなたの運気を下げることに。何もかもを最上級のものにする必要はありませんが、例えば、夜行バスに乗るなら少しランクの高いバスタイプやシートを選ぶ、といった具合。せっかく推しの現場に行くのですから、そのときは思いきって奮発して、もしも節約したいなら日頃の生活の中で帳尻を合わせる、というスタイルが正解です。

推し活資金を増やすには？

　もともと働き者でしっかり稼げるタイプなのですが、そのうえに、周りからの金銭的なサポートまで得られやすいのが、マインドナンバー4の人の強み。両親や祖父母に「来月、推しの海外公演に行くことになった」と話したら、「何かトラブルでもあったら困るから」と高額のお小遣いを渡された、といったことが起こりやすいのです。

　お金のやりくりもうまいので、さほどお金に困ることはなさそうですが、もしも副業やアルバイトで稼ぐなら、コスメショップやエステサロン、女性専門のフィットネススタジオなど、女性が喜ぶサービスを提供する仕事が合っています。資産運用にも興味があるかと思いますが、あくまで身の丈に合う範囲でトライすること。

マインドナンバー 4 の
ラッキーフード

- モッツァレラチーズ
- 生ハム
- カルパッチョ
- シチュー
- トリュフ
- キャビア
- コース料理
- パンケーキ
- フルーツサンド
- アイスクリーム
- ドライフルーツ
- りんごあめ

マインドナンバー 4 の
ラッキースポット

- フランス
- トルコ
- マレーシア
- パラオ
- スイス
- クロアチア
- 山梨
- 静岡
- 石川
- 徳島
- 佐賀

マインドナンバー 4 の
ラッキーアイテム

- 上質なインナーウェア
- ボディクリーム
- 華やかなアイテム
- ワンポイントが効いているもの

マインドナンバー4のあなた専用

マインドナンバー別
推しの心に刺さる
キラーワード

推しと直接コミュニケーションを取るときや、ファンレターを書くとき、SNSにコメントするときに活用すれば相手のハートに刺さるかも♡

マインドナンバー1の推しには…

「いつもパワーをもらってます！」

彼は、常日頃から人並み以上に頑張っている自分を評価してもらえた気分に。「テンション高いっすねー！」だと軽すぎてやる気を失うかも？

マインドナンバー2の推しには…

「それって奇跡じゃないですか？」

彼のラッキーなエピソードや珍しい出来事を耳にしたら、このフレーズで盛り上げて。「へぇ〜、そんな偶然あるんですね」だと本気消沈。

マインドナンバー3の推しには…

「最後まであきらめないのがすごい！」

推しのどこがすごいのか、具体的にほめると彼の自信が高まります。「責任感が強いですよね」などは何に対して言っているのか伝わりません。

マインドナンバー4の推しには…

「そんなところに憧れちゃいます！」

自分のやり方を認めてほしい彼にとって、誰かから憧れられるのはうれしいこと。「さすがに私には無理かも」は謙遜しているようで拒絶の意味に。

マインドナンバー5の推しには…

「〇〇くんのことを知りたいんです」

生まれながらの俺様キャラの彼にとっては、「知りたい」と言われることがまんざらでもないはず。ただし、多用してしまうと気味悪がられます。

マインドナンバー6の推しには…

「よかったらまたぜひ教えてください」

みんなにあれこれ教えるのが好きな彼にとって、「もちろん！」と返事をしたくなる言葉。「私もそれ、知ってます」と対抗心を燃やすのは無意味。

マインドナンバー7の推しには…

「私も今度試してみます！」

彼のおすすめの食べものやアイデアには、シンプルに共感を示して。「こんなものも好きそうですね！」は関係性によっては差し出がましいかも。

マインドナンバー8の推しには…

「慎重なところ、見習いたいです」

物事を深く考えるのが好きな推しにとって、「慎重」は意外と響く言葉。逆に「いつもそんな難しいことを考えてるんですか？」は侮辱された気分。

マインドナンバー9の推しには…

「おすすめがあれば紹介してください」

彼が得意なジャンルや最近ハマっていることを、この言葉でさらに引き出して。「意外とヒマなんですね（笑）」はたとえ冗談でも傷つくでしょう。

「推し疲れ」の原因と対策

　マダムのような風格のあるあなたにライバルなどいないはずですが、ときにはマウントを取ろうと挑んでくる人がいるかもしれません。誰かが代理で取ってくれたチケットを受け取ったら、友達はみんな良席なのに、自分だけは端っこだったなんてことがあれば、そのサイン。闘わずして美しく勝つには、無言でその人と距離を置くことです。

　自分が興味のない場所や物事につき合わされるのも、たまったものではありません。あなたは、時間がないからと立ち食い蕎麦で済ませるくらいなら、おいしいサンドイッチをテイクアウトしてタクシーの中で食べたい派。推し活仲間との価値観や行動のペースが合わないと、推し活そのものに疲れてしまうでしょう。

推し活のための美容&健康術

　美食家で、日頃のストレスを食べることで解消しようとするところがあります。ハイカロリーな食事やお酒の飲みすぎが習慣になってしまうと、身体を壊す原因に。野菜を多く食べること、お酒を控えることを心がけて、健康的な食生活を目指しましょう。

　もうひとつ気をつけたいのが、夜更かしです。飲み会やカラオケで盛り上がるのが嫌いではないので、ついついつき合いで夜遊びをしがち。また、仕事に黙々と取り組んでいたら気づけば深夜、なんてこともあるかもしれません。休日にスパやエステでリセットしましょう。それから、大きな仕事をやり遂げたあとも、自分へのご褒美をお忘れなく。燃え尽き症候群になってしまうのを防げるはずです。

> あなたの
> マインド
> ナンバーが
> 「5」なら

MIND NUMBER 5

推し活は仕事の息抜き
自分らしく優雅に楽しむ
セレブ社長

- 個人を推すよりも箱推しが多い
- 安物の大量買いは× 特別なものを少しだけ
- 気づけば関係者席に招待されているかも

あなたの性質

　好きな仕事でしっかり稼ぎ、大胆に使うのがあなたの信条。仕事が忙しく、趣味や遊びに使える時間が限られていることもあり、推し活もちまちまと楽しむよりは、「せっかくだから」とドーンとお金を費やします。例えば、いちばん高いVIP席を取る、遠征先のホテルやレストランは一流をチョイス、新幹線はグリーン車に乗るなど。
　そうやって質の高いものを選んでいるうちに運気がどんどん上がるのも特徴。あなたから推しを追いかけなくても、飛行機のビジネスクラスでたまたま推しの隣の席になる、あるいは、ライブ後に寄った飲食店にたまたま推しの知り合いが来ていて、その縁で関係者席に招待されるようになるなど、強運を引き寄せてしまいます。

もしも推しとつき合ったらどうなる？

　賢くて仕事ができて魅力的なあなたは、異性からもモテるはず。ですが、仕事を優先しすぎて恋愛しているヒマがない、なんて人も少なくありません。一般人とは違うインパクトのある人に弱い部分があり、推しのような華やかな世界の人に男性として魅力を感じることもあるかも。とはいえ、たとえ推しでも、素の彼がちょっとおバカなタイプだったり、ケチだったりすると、つき合うことはないでしょう。
　一度心を許した相手に対しては、良好な関係が続くように努力します。結婚後も仕事は続けたほうが充実した人生を送れますが、子どもがいてもいなくても、彼と二人で過ごす時間はキープしたほうがベター。それによって仕事運も家族の運気もアップしていきます。

運気を上げる行動・下げる行動

何しろあなたは「セレブ社長」ですから、それらしく堂々と過ごしていると、勝手に運気が上がっていきます。推し活では推しをひたすら追いかけるのではなく、推しと対等な立場を目指すのが正解。推しが好きな高級ブランドのアイテムを身につけたり、推しのお気に入りのメニューを食べたりなど、常に相手と同じレベルの行動を取るようにしましょう。そもそもあなたは、そういった高級なものが似合う品格の持ち主なのです。

逆に身のまわりのことにかまわず、安っぽいものに囲まれて生活していると運気は急降下。ご縁のレベルが下がり、売れないアーティストとつき合って相手を金銭的に支えるハメになるかもしれません。

推し活資金を増やすには？

給料が高めで安定しているうえに有給休暇を取りやすく、頑張りしだいで望みのポジションも目指せるという理想的な職場に勤めている人や、独立起業してお金と自由の両方を手に入れる人が多いのがマインドナンバー5。推し活資金に困ることは基本的にないでしょう。収入が増えるほど物欲もアップしていくタイプなので、推しのグッズを大人買いして推し活仲間をドン引きさせることがあるかもしれませんが、本人は「また稼げばいいや」とケロリとしているはず。

学生の場合は、自分が興味のある職種で、なおかつ時給が高いアルバイトがおすすめ。才能を発揮しているうちにバイトリーダーに昇進し、ますます時給がアップ、なんて稼ぎ方を目指せそうです。

マインドナンバー5の
ラッキーフード

- 焼き肉
- ステーキ
- ラーメン
- 餃子
- ハンバーガー
- お好み焼き
- 焼き鳥
- すき焼き
- お茶漬け
- チョコレート
- せんべい

マインドナンバー5の
ラッキースポット

- タイ
- カンボジア
- シンガポール
- ラスベガス
- 韓国
- グアム
- 東京
- 群馬
- 大阪
- 和歌山
- 岡山

マインドナンバー5の
ラッキーアイテム

- ベルト
- くびれが目立つ服
- ウエストバッグ
- ブランドアイテム

> マインドナンバー5のあなた専用

マインドナンバー別
推しの心に刺さる
キラーワード

推しと直接コミュニケーションを取るときや、ファンレターを書くとき、SNSにコメントするときに活用すれば相手のハートに刺さるかも♡

> マインドナンバー1の推しには…

「チャレンジし続けるのが素敵！」

新しいことに挑戦し続けるのが彼の生きがい。その姿勢を絶賛すべし。一方、「たまには休んだらどうですか？」は彼のやる気を否定するのと同じ。

> マインドナンバー2の推しには…

「私も頑張ろうと思いました！」

推しがなんらかの結果を出したあとはすかさずこのひと言を。彼の満足度が高まるはず。「正直、心配でした！」は大きなお世話！と反感を買います。

> マインドナンバー3の推しには…

「カンペキですね！」

彼がきっちり細かく仕上げたものに対しては、やはりこの賞賛の言葉を。「きっとやってくれると思ってました」は、少々上から目線に聞こえます。

> マインドナンバー4の推しには…

「いるだけで場が明るくなりますね」

彼の存在そのものを全肯定するこの言葉には、本人も幸せな気分に。「もしかしたら向いてないんじゃないですか？」は気遣っているようで無神経。

> マインドナンバー5の推しには…

「包容力があるタイプですよね」

「自分には包容力がある」という意識が強い人なだけに、この言葉はうれしいはず。「意外と細かいですね」は器が小さいと言っているようなもの。

> マインドナンバー6の推しには…

「さすが、仕事が早い！」

作品がトントン拍子で完成したときや、彼が間違いを見つけて指摘したときに。「気を遣いすぎて疲れませんか？」はいちばん言われたくないかも。

> マインドナンバー7の推しには…

「今日のファッションも素敵です」

毎日のようにルックスをほめ続けることで、彼は上機嫌をキープ。「もしかして今日は疲れてます？」は、彼的にはファンからは言われたくないかも。

> マインドナンバー8の推しには…

「気遣いに頭が下がります」

ファンへの配慮を感じたときに、「ありがとう」より深い言葉でアピール。逆に「そこまでする必要ないのでは？」は彼の思いを否定することに。

> マインドナンバー9の推しには…

「〇〇くんって聞き上手ですよね」

彼のいいところをストレートにほめると「この人はよくわかってる！」と認知されそう。「休日はぼーっと過ごしていそう」は意外と図星なだけに失礼。

「推し疲れ」の原因と対策

ものすごく情熱的に推し活をしているわけでもないのに、しれっと強運を引き寄せてしまうのがマインドナンバー5の人。良席やレアなグッズが当たり、周りの推し活仲間から「いいなー！」とうらやましがられることも。それがエスカレートして「私のぶんも一緒にお願い」なんて仲間から頼まれるようになってしまうと、テンションがダウン。基本的に個人主義なあなたにとってはそういった絡みがうっとうしく、推し活そのものが面倒になってしまうでしょう。

せっかくの楽しい推し活が台なしにならないように、本当に信頼できる推し活仲間以外とは、深くつき合わないのが得策です。あなたの仕事やプライベートについてもあまり明かさないようにして。

推し活のための美容&健康術

基本的にタフで、多少ハードな生活が続いても体調を崩しにくいでしょう。とはいえ、気をゆるめてはダメ。あなたは向上心のもとにとにかくたくさん働き、成功をつかみ取るという運命の持ち主。ひとつ成功を収めてもそこで満足せず、「まだまだできるはず！」とさらに上を目指します。そのため、仕事優先で不摂生になりやすく、気づいたら高血圧や高コレステロール血症になっている可能性も。

そんなあなたにとって推し活はストレス発散であり、健康法といえるかもしれません。また、カフェイン中毒に陥りやすいので、自覚がある人は控えめを心がけて。どんなに忙しくても、健康診断や人間ドックの受診は欠かさないようにしましょう。

あなたのマインドナンバーが「6」なら

MIND NUMBER 6

推しをひたすらマメに応援
品行方正なサポーター

尽くし沼ちゃん

マネージャー並みに推しに仕える

話のネタを推しに提供するのが好き

推しの夢がかなうそれが私の夢

あなたの性質

とにかく世話を焼くのが大好きで、推し活でも推しを全力で応援。推しが好きなものを差し入れするだけでなく、いかにも好きそうなものをプレゼントしたり、推しのポスターを見かけたら写真を撮ってSNSにアップしたりと、マネージャーのようにこまごまとサポートしようとします。「こんな素敵なファンがいましたよ」など、推しにとって話のネタになりそうな情報を提供することも忘れません。

あなたをよく知らない人からは「推しに認知されたくて必死」と誤解されることもあるかもしれませんが、実際のあなたの推しへの気持ちはとても純粋。推しの夢がかなうことをピュアに願っている真面目でまっすぐなファンであることは、きっと推しには伝わるはず。

もしも推しとつき合ったらどうなる？

あなたは恋愛に対してちょっと消極的なのかもしれません。「ひとりでいるほうが気楽」「気持ちを振り回されるのが面倒」などの理由で、推し活や仕事、友人との時間など、恋愛以外のことを優先する傾向がありそう。また、自分からアプローチするのも苦手。「この人となら」と思う相手には、「やりすぎたかも？」と思うくらい2倍、3倍も積極的にアピールしたほうが伝わりますよ。

気配りやおもてなしが上手なので、一度交際が始まると結婚まではスムーズに進みそう。おいしい手料理を振る舞ったり、彼の悩み相談に夜通しつき合ったりと、いい奥さんになるでしょう。ただし、彼のペースに合わせすぎて自分を犠牲にしないように注意して。

運気を上げる行動・下げる行動

　面倒見がよく、周りから「いい人」と慕われるのはよいのですが、仕事で必要以上に気を遣って疲れてしまうことや、ときには周りのずる賢い同僚から利用されて損をしてしまうことも。すると、それにつられるようにして、運気も負のスパイラルに突入します。

　マインドナンバー6の人にとって大切なのは、仕事とプライベートのメリハリをつけること。仕事ひと筋の人生だと心も身体もボロボロになってしまうので、どんなに忙しくても、推しを応援できるくらいの心の余裕は必要です。推し活をきっかけにプライベートな時間をきっちり確保するようになり、職場でいいように使われやすい立場を卒業できれば、運気はアップしていくでしょう。

推し活資金を増やすには？

　あなたは自分が前に出て目立ったり、みんなを引っ張ったりするよりも、サポート役に徹するほうが好きなのではないでしょうか。介護士や看護師、教育関係など、世の人の役に立つ仕事を選んでいる人も多いのがマインドナンバー6の人。推し活資金を増やすために副業やアルバイトをするならば、縁の下の力持ち的な仕事を選ぶとよいでしょう。家業の手伝いや友人の仕事に手を貸すなど、身近な人を支えるような仕事にも縁があります。

　もともとお金に堅実で、生活の安定が最優先。将来に備えてきっちり貯蓄できるタイプです。いくら推しが大事でも、貯金を切り崩してまで推し活に投資するようなことはないでしょう。

マインドナンバー6の
ラッキーフード

- オーガニックフード全般
- 野菜スティック
- ラムチョップ
- うどん
- もずく酢
- お浸し
- クスクス
- 湯豆腐
- お粥
- しらす丼
- 梅干し
- スムージー

マインドナンバー6の
ラッキースポット

- インド
- スリランカ
- チェコ
- カナダ
- ニュージーランド
- ドイツ
- 宮城
- 新潟
- 栃木
- 京都
- 宮崎

マインドナンバー6の
ラッキーアイテム

- パールのアクセサリー
- 肌触りのいいもの
- 露出控えめの上品コーデ
- 職人や作家の手作りアイテム

> マインドナンバー6のあなた専用

マインドナンバー別
推しの心に刺さるキラーワード

推しと直接コミュニケーションを取るときや、ファンレターを書くとき、SNSにコメントするときに活用すれば相手のハートに刺さるかも♡

> マインドナンバー1の推しには…

「いつも勇気をもらってます!」

チャレンジするのが大好きな彼にとっては満足度の高いフレーズ。「よくあんなに怖いことができますね」はほめているのか呆れているのか不明。

> マインドナンバー2の推しには…

「とっても個性的で似合ってますね」

もしも推しが奇抜なファッションに身を包んでいたら、とりあえずほめて。「いろんな意味ですごいですね〜」はバカにされてるように聞こえそう。

> マインドナンバー3の推しには…

「〇〇くんのおかげで頑張れてます」

マナーを大切にする彼にはお礼の気持ちをストレートに伝えましょう。「〇〇くんでも知らないことがあるんですね」はちょっとカチンときそう。

> マインドナンバー4の推しには…

「それ、絶対やるといいと思います!」

推しが自信満々で宣言したことに賛同すると、彼は内心「でしょ?」とニンマリ。「時期尚早じゃないですか?」には心をかたく閉ざすでしょう。

> マインドナンバー5の推しには…

「その気持ち、すごくわかります!」

わりと距離が近い推しなら、共感を示すことであなたとの関係が深まるはず。「ほんとに大丈夫?」は、相手の不安を煽るだけの余計なひと言です。

> マインドナンバー6の推しには…

「めちゃめちゃうれしいです!」

ありがとうの気持ちにさらなる思いを込めて、彼に伝えましょう。「いい意味で普通だと思いました」は、まったくもっていい意味に聞こえません。

> マインドナンバー7の推しには…

「それ、すごく似合ってます!」

彼がヘアスタイルやファッションのテイストを変えたときはほめるチャンス。「これ絶対やったほうがいいです!」といった押しつけは嫌われます。

> マインドナンバー8の推しには…

「あの話の続きを知りたいです!」

彼の少々マニアックなエピソードを引き出すと、すっかりご機嫌に。「その話、前にもしてましたね」は黙っていてあげるのがファンというもの。

> マインドナンバー9の推しには…

「そういう考え方ができるのがすごい」

彼の「みんなに認めてほしい」という願望を満たすことができる言葉。「同じようなこと、誰かも言ってました」と片づけられてしまうとガッカリ。

「推し疲れ」の原因と対策

何度もしつこいようですが、あなたは並外れて面倒見がよいのです。推し活仲間と一緒に遠征するときのあなたは、さながらツアーの添乗員。移動手段や宿泊先の手配、ライブの前後にどこに寄るか、またそのスケジュールの組み立てまで、仲間に細かく確認しながら丁寧に進めます。現地でも仲間をリードしながら、ライブはもちろん遠征そのものが旅として充実した時間となるように配慮するでしょう。

ですが、周りの世話をしすぎて疲れてしまい、あなた自身が肝心のライブや旅を楽しめなくなってしまうようでは本末転倒。急なドタキャンや遅刻が当たり前の、悪い意味で自由な人の面倒はいっさい見ない、と自分に誓いを立てるべきです。

推し活のための美容&健康術

仕事のこと、家族のこと、周りの友人のこと、将来のことなど、あなたの頭の中はいろんな考えでいっぱい。必要以上に考えすぎるうえ、よくも悪くもみんなに気を遣うので、ストレスをためやすく、神経がすり減ってしまいがちです。推しのネガティブな発言や表情が気になって夜なかなか寝つけなかった、なんてこともあるかも。

そんなあなたには、癒やしが必要です。推し活も癒やしのひとつかもしれませんが、結局またあれこれ考えてしまったりするので、それとは別に、ひとりでぼんやり過ごす時間を取りましょう。山や森、海辺など自然の中を散策したり、動物に触れたりなど、心からリラックスできるひとときを過ごすようにしてみて。

MIND NUMBER 7

あなたのマインドナンバーが「7」なら

できることなら推しと特別な関係になりたい

ガチ恋プリンセス

推しと知り合えるチャンスを探す

容姿を美しく磨いていつでもスタンバイ

いくつになっても若々しくて年齢不詳

あなたの性質

　推しに本気で恋をしやすいうえに、実際に推しと特別な関係に発展する運も持ち合わせているのがマインドナンバー7の人。もしもあなたにその気があるならば、推しの行きつけのお店で働くなど、自分からアクションを起こしてみては？　出会いのチャンスに恵まれる可能性はゼロではありません。

　もともと恋愛至上主義で、恋をすることが毎日のモチベーションにつながるタイプです。見た目もきれいにしておかなくてはという意識が高く、自分磨きを欠かさないので、年を重ねても若々しくあり続けます。愛情深くて寂しがり屋なだけに、孤独を恐れ、相手の年齢や性別にかかわらず、社交的に振る舞える面もあるでしょう。

もしも推しとつき合ったらどうなる？

　推しとの恋を成就することができたなら、あなたの世界はもうバラ色。みんなに自慢して回りたいくらいでしょうが、相手は人気商売ですから、うかつな行動を取るわけにはいきません。誰かに言いたい気持ちを我慢しながら、バレないようにこっそりおつき合いするのも、あなたにとってはスリリングで快感のはず。

　彼ができると、途端に友達づき合いが悪くなるのがマインドナンバー7の人。特に推し活仲間はあなたの変化に気づき、「最近、何かあったの？」と聞いてくるでしょう。恋の相手が推しであるとは言わずとも、「実は……」なんてノロケ話をしすぎると、やっかみをもたれる原因に。自分ばかりが弾丸トークをしないように気をつけて。

運気を上げる行動・下げる行動

　普段使っているメイク道具をお手入れすることが運気アップにつながります。パフやブラシの汚れは日頃からきちんと落とし、アイラッシュカーラーなどもきれいに拭き掃除しておきましょう。コスメを入れてある引き出しや棚、持ち歩き用のポーチなど、保管するアイテムも常に清潔に。鏡をピカピカに磨いておくこともお忘れなく。

　一方、忙しさにかまけて身なりにかまわず、ヨレヨレの服やテキトーな髪型、メイクで過ごしていると、運気はどんどん下降。遠征先のホテルに滞在中、「深夜だから誰にも会わないだろう」と部屋着のまま別のフロアの自販機に行ったら、推しと遭遇してひどい姿を見られた、なんてハメになりかねないので、油断大敵です。

推し活資金を増やすには？

　お金に対する執着はさほど強くはないものの、お金のない生活への恐怖心が強いのがマインドナンバー7の人。チケット代やグッズ代には惜しみなくお金を使いますが、貯金額が減ってくると焦り始めるでしょう。とはいえ、ケチケチするのは恥ずかしいという思いもあり、出費をなかなか減らせません。推し活資金を増やしたいなら、副業やアルバイトで稼ぐのが得策です。

　向いているのは接客業。笑顔とコミュニケーション能力で人気も収入も獲得します。アパレル関係や花屋さん、エステサロン、フレグランスを扱うショップなど、女性が輝くためのサポートになるような分野でもいきいきと働くことができるでしょう。

マインドナンバー7の
ラッキーフード

- オムライス
- サムゲタン
- フォアグラ
- パクチーサラダ
- エディブルフラワー
- ミニトマト
- クロワッサン
- クレープ
- ケーキ
- マカロン
- スコーン
- フルーツ全般

マインドナンバー7の
ラッキースポット

- ニューヨーク
- サンフランシスコ
- 香港
- ニューカレドニア
- ノルウェー
- ベルギー
- 山形
- 埼玉
- 愛知
- 富山
- 兵庫

マインドナンバー7の
ラッキーアイテム

- 香りのアイテム
- ワンピース
- 日傘
- コスプレグッズ

> マインドナンバー7のあなた専用

マインドナンバー別
推しの心に刺さるキラーワード

推しと直接コミュニケーションを取るときや、ファンレターを書くとき、SNSにコメントするときに活用すれば相手のハートに刺さるかも♡

マインドナンバー1の推しには…

「すごいオーラがありますね」

自分らしさを大事にしている彼にとって、心に響くフレーズ。一方、「すごすぎて近寄り難い」には「俺ってそんなにイヤな雰囲気?」とモヤモヤ。

マインドナンバー2の推しには…

「こういうの、初めてですよね?」

進化し続けるさまをずっと見ている理解者ならではの言葉に、彼もホッと安心するでしょう。逆に「前にもやってませんでした?」にはガッカリ。

マインドナンバー3の推しには…

「さすがの決断だと思いました」

悩み抜いて決めたことを評価されると、彼は背中を押してもらえた気分に。逆に「もったいなくないですか?」と言われると、またもや悩みの世界へ。

マインドナンバー4の推しには…

「次回も楽しみにしています!」

シンプルだけれどうれしい言葉。「よし、次も頑張ろう!」という気持ちに。「最近、体調は大丈夫ですか?」は、ファンには言われたくないかも。

マインドナンバー5の推しには…

「〇〇くんはレベルが違う」

本人ももちろん自覚しているけれど、ファンから言われるとやっぱり心地よいはず。「意外と親しみやすいんですね」なんて言葉だと複雑な気分に。

マインドナンバー6の推しには…

「メッセージに励まされます!」

自作の曲やSNSを通して思いを発信している彼にはこの言葉がベスト。「なんなら相談に乗ってほしいです〜」はマナーに厳しい彼的にはNGかも。

マインドナンバー7の推しには…

「見ていると幸せな気分になります」

ロマンチックな彼には「幸せ」というワードがうれしく響くはず。一方、「いつも幸せそうでうらやましい」はやっかみに聞こえて怖がられるかも。

マインドナンバー8の推しには…

「ほんと、なんでも詳しいですね!」

マニアックな彼には意外とざっくりしたほめ方が効きます。一方、「こういうの似合うと思います」など、本人が興味のないものを押しつけるのは×。

マインドナンバー9の推しには…

「すごいなと前から思ってました!」

彼の頑張りを見守り続けていることを伝えて、応援を。「私なら無理!」という謙遜は「誰もあんたの話は聞いてない」と突っ込まれるかも?

「推し疲れ」の原因と対策

　推し活をしているときのあなたは恋する乙女のごとく、キラキラと輝いています。そのオーラで幸運を引き寄せることもあるのですが、余計なものも吸い寄せてしまうことがあるのが困りもの。例えば、「それ、当たったんでしょう？　私にもちょうだい」「今度一緒に連れてって」など、たいして親しくもない推し活仲間から厚かましくされること。どこかふわっとしていて取っつきやすい雰囲気をもつあなたを、利用しようと近づいてくる人は少なからずいるでしょう。

　必要以上に自慢話をするとゴシップ好きが集まってくるうえに、陰口を叩かれかねません。SNS上でも妬みやひがみをぶつけられやすいので、本当に言いたいことは鍵アカでポストするのが賢明です。

推し活のための美容&健康術

　それほど体力があるほうではないので、無理をしないことが大切です。疲れがたまって熱を出したり、風邪をひいたりする前に、こまめに休息を取りましょう。健康になりたいからといって必死に筋トレや食事のコントロールをするのは向いていません。ストレッチなどの軽い運動や適度な節制など、続けやすい方法を選ぶこと。

　マインドナンバー7の人は年を重ねても若々しさをキープできるのが特徴です。周りから見られているという意識が美貌を保つことにつながるので、自分のセンスを活かしておしゃれを楽しむことが欠かせません。年齢を気にせず、年下の世代とのおしゃべりやデートをエンジョイすることも美容や健康に直結するでしょう。

あなたのマインドナンバーが「8」なら

推しの歌詞やコメントから推理&考察するのが大好き
マニアックな鑑定士

迷惑をかけない程度に推しの情報を特定

推しの浮き沈みも末永く見守り続ける

推しのルーツを深掘りするのが楽しい

あなたの性質

　独自にリサーチして集めた情報を深く掘り下げて、自分なりの結論を出すのが得意なマインドナンバー8の人。推し活においても、インタビュー記事やSNSなどの情報をもとに、推しが昔通っていたカフェや子どもの頃の行きつけのゲームセンターなどを推理し、現地に確かめに出かけるのが好きなはず。

　とはいえ、実家や母校に押しかけるなど、他人に迷惑がかかるような行為は絶対にしません。あなたはあくまで自分の個人的な楽しみとして、オタク道を極めたいだけなのです。推しが売れなかろうが、結婚しようが、あなたには関係ないこと。もしかしたらあなたは推しよりも、「何かを極めている自分」が好きなのかもしれません。

もしも推しとつき合ったらどうなる？

　マインドナンバー8の人は、見た目よりも中身を重視。頭がよく、自分の意見をしっかりと持っていて、仕事ができる人を好む傾向があります。推しとの恋愛もあなたにとっては「推しだからつき合う」というよりは、「中身に惹かれた相手がたまたま推しだった」だけのこと。相手を尊敬できることも、交際相手の条件のひとつです。

　恋愛期間中も結婚後も、いつも一緒に過ごすよりは、メリハリのある距離感を好みます。心配性の面があり、彼からのこまめな連絡や愛情表現は必要ですが、お互いの強い絆さえ確認できていれば、遠距離恋愛や週末婚もウェルカム。ツアーやレコーディングなどでなかなか家に帰れない彼にとっては、あなたは理想的な相手かも。

運気を上げる行動・下げる行動

　情報をリサーチし、独自に探求するのが好きなあなたは、スマホやパソコンに画像や資料などのデータをためがち。定期的に中身をチェックして不要なデータを処分し、容量に余裕をもたせておくことが開運の秘訣です。時刻や日付がきちんと合っているかどうかもチェックして、タイムラインがズレているものがあれば正しましょう。

　避けたほうがいいのは、最初にイヤだなと感じたことを続けること。あなたが直感でピンときたことは、だいたい当たっています。第一印象で苦手だなと感じた仕事や人間関係を我慢して引きずってしまうと、実力を発揮することができず、ずっとモヤモヤすることに。運気もどんどん下がってしまうので、きっぱりと見切りをつけましょう。

推し活資金を増やすには？

　あなたには目利きとしての才能があり、個人的な趣味でコレクションしているものに高値がつくことも。もう興味がなくなってしまったアイテムをフリマやオークションで売り、得たお金を推し活資金に充てるのもよいでしょう。また、コツコツ貯めるのも嫌いではないタイプなので、推し活資金専用の銀行口座を開設し、毎月の収入のいくらかがそこに自動的に貯まっていく仕組みを作るのもおすすめ。

　ひとつの道を極める生き方を選ぶ人が多く、副業はさほど向いてはいませんが、金運は強いほう。本業でそれなりに稼ぐことができるでしょうし、お金に困ったときは家族や身近な人からのサポートを得られそう。ですから、常に周りに感謝をすることが大切です。

マインドナンバー8の
ラッキーフード

- フライドポテト
- アサイーボウル
- ワカモレ
- グラタン
- 玄米
- うなぎ
- キムチ
- 枝豆
- せいろ蒸し
- ヨーグルト
- ポップコーン
- ジャム
- はちみつ
- コーヒー

マインドナンバー8の
ラッキースポット

- イギリス
- 中国
- フィリピン
- マウイ
- モナコ
- エジプト
- 秋田
- 鳥取
- 広島
- 高知
- 長崎
- 熊本

マインドナンバー8の
ラッキーアイテム

- アイブロウペンシル
- 時計
- ハイテクなもの
- 限定品

> マインドナンバー8のあなた専用

マインドナンバー別
推しの心に刺さるキラーワード

推しと直接コミュニケーションを取るときや、ファンレターを書くとき、SNSにコメントするときに活用すれば相手のハートに刺さるかも♡

マインドナンバー1の推しには…

「〇〇くんがいるだけで幸せ！」

ストレートな言葉に照れながらも、自信をもって活動に励むように。一方、「私の場合は〜」という個人的な意見には彼は残念ながら興味ナシ。

マインドナンバー2の推しには…

「そのへんの人とはやっぱり違う！」

周りの人とは違う感性をもっていることを讃えて。「〇〇くんにしてはちょっと意外」は、自分の真意が伝わらなかったんだな、と残念な気持ちに。

マインドナンバー3の推しには…

「さすが！ 負けた〜！（笑）」

関係性の近い推しならば、冗談をまじえたムードのほめ方も彼の記憶に残るはず。「めっちゃ頑張ったんじゃない？」などは図々しすぎるかも？

マインドナンバー4の推しには…

「こんなにすごい人、いません」

推しがいかに抜きん出ている存在なのかを伝えて、自尊心を満たしてあげて。「すごすぎて腹立つ（笑）」は冗談として受け取ってもらえないかも。

マインドナンバー5の推しには…

「ひと味違う魅力がありますね」

ほめられるのに慣れている推しにとっても、ちょっとドキッとする言葉。「へぇ〜、変わってますね」は言われてもあんまりうれしくなさそう。

マインドナンバー6の推しには…

「やはりご存じでしたか！」

トレンドや最新のニュースにも食いつきのいい彼にはこの言葉で。「そんなことも知ってるなんて意外〜」だと、バカにされてるような気持ちに。

マインドナンバー7の推しには…

「お肌もきれいですよね！」

ただでさえ美しいのに肌まで、というニュアンスに彼はご満悦。「お手入れにどのくらい時間かけてるんですか？」はヒマ人扱いしているムードに。

マインドナンバー8の推しには…

「〇〇くんのこの作品が好き」

推しのどこに魅力を感じるのかを具体的に伝えるのは説得力あり。「〇〇くんがいてくれることに感謝」だと「ちょっと重いな」と受け取られそう。

マインドナンバー9の推しには…

「貴重な経験、うらやましい！」

自分が特別な存在だと認められたい彼にとっては、気分がアガるうれしい言葉。かたや「それって何か意味あるんですか？」にはがっくり興ざめ。

「推し疲れ」の原因と対策

「自分は自分」「他人は他人」というマインドの持ち主で、いつもひょうひょうとしているあなた。やや話しかけにくいオーラが出ているので、推し活を通して知り合った人たちからも、最初は取っつきにくい印象を持たれやすいでしょう。一度仲良くなった相手には自分からよく話すのですが、例えば、一緒に行動することになったグループに価値観の違う相手がいると、疲れて不機嫌そうに黙り込んでしまうこともあるかもしれません。

対策としては、あなたと対等に話せるレベルの知識や価値観をもっているマニアックな仲間を見つけること。あるいは、無理に他人に合わせようとせず、気楽な単独行動を選ぶのもよいでしょう。

推し活のための美容&健康術

子どもの頃から運動神経が抜群で、身体を動かすのが大好き。いわゆる健康優良児で、今でもわりとタフなほうではありませんか？ 肉体の回復力が強いので、風邪をひいても寝込むことなく、軽いうちに自力で治してしまうタイプです。スタイルにも恵まれやすく、モデルをしていた経験がある人も少なくないのがマインドナンバー8です。

ただ、もともと免疫力が高いのと、責任感の強さゆえに、ときには無理をして身体を限界まで追い込んでしまうことも。疲れをためこまないことが肝心なので、ハリやお灸、指圧系のマッサージなど、コリをほぐしてくれるような施術を定期的に受けるのもおすすめです。予防のために、健康診断をきちんと受診するのもお忘れなく。

あなたの
マインド
ナンバーが
「9」なら

推しも仲間もたくさん！
忙しくも充実の日々
雑食オタク

複数のグループや
メンバーを応援

推しが多すぎて
お金も時間も足りない

推し活仲間たちと
はしゃいで楽しみたい

あなたの性質

マインドナンバー9の人は平和主義者。みんなに分け隔てなく愛情を注ぎます。推し活においても、とにかく推しの数が多いのが特徴。複数のグループに常に注目し、このグループならこの人、あのグループならあの人とあの人といったふうに、自分のアンテナに引っかかった人なら誰でも応援します。

日頃からいろんな推しの情報を追いかけるのに忙しく、ファンクラブ代などのお金もかかるので、一人ひとりの推しへの熱量はさほど高くはないかもしれません。人なつっこい性格だけに、推し活仲間との交流は賑やか。「推しの現場より、推し活仲間との交流が楽しいから推し活を続けている」なんて人も少なくなさそうです。

もしも推しとつき合ったらどうなる？

好きな人ができると気持ちを抑えることができず、自分でも思ってもみなかったような大胆な行動に走ってしまうところがあります。推しとつき合った場合、例えば、推しの地方ツアー中、夜中に急に彼に会いたくなって、何百キロも離れた距離をタクシーで飛ばして会いに行く、など。想定外のその行動が意外と彼のハートに刺さり、ますますラブラブになる可能性もありそうです。

恋多き女性なだけに、ほかに気になる人が現れると目移りしてしまうことも。「あんなに好きだったのに別の人に乗り換えるなんて」と周囲はビックリするかもしれませんが、自分の感情に素直に行動することはあなたにとってはごく自然で、大切なことなのです。

運気を上げる行動・下げる行動

　推し活は今のあなたにとってライフワークであり、人生から切り離せないもの。推しの活動休止やグループ脱退、場合によっては結婚などのニュースでテンションが下がってしまうと、それにつられるようにして運気も下がってしまいます。あなたが雑食オタクなのは、おそらく、突然推しがいなくなることへの恐怖心も理由のひとつなのではないでしょうか。「推しは推せるうちに推せ」をモットーに、後悔のない推し活を目指してください。

　運気を上げるには、毎朝の目覚めをよくすること。そのためには、睡眠の質を高めましょう。こまめにシーツを交換する、入眠時の香りにこだわるなど、あれこれ工夫してみて。

推し活資金を増やすには？

　ピースフルでノリがよく、みんなに優しいあなたは、どこに出かけても温かく受け容れてもらえるタイプ。今日はあの推し活仲間からのお誘いで無料イベントへ、明日は別の推し活仲間からもらった招待券で違うイベントへなど、人脈のおかげでお得に楽しめたり、貴重な機会に恵まれたりすることもあるでしょう。そのため、通常のチケット代やグッズ代だけでなく、推し活仲間とのつき合いにもそれなりの額を費やすことになりそうです。

　あれこれ掛け持つのが得意なので、副業やアルバイトなど、本業とは別の仕事を抱えながら収入を増やしていくことができます。適応能力が高いため、未経験の仕事にもすぐに慣れるでしょう。

マインドナンバー9の
ラッキーフード

- エシカルな食べもの
- もつ鍋
- チーズフォンデュ
- レバ刺し
- 魚介類
- 釜飯
- ローストビーフ
- タコス
- ケバブ
- ベーグル
- チュロス
- マシュマロ
- ナッツ

マインドナンバー9の
ラッキースポット

- ロサンゼルス
- アルゼンチン
- ブラジル
- キューバ
- オーストラリア
- ガーナ
- 茨城
- 神奈川
- 長野
- 岐阜
- 奈良
- 大分

マインドナンバー9の
ラッキーアイテム

- シューズ
- バッグ
- ブレスレット
- コラボ商品

> マインドナンバー9のあなた専用

マインドナンバー別
推しの心に刺さるキラーワード

推しと直接コミュニケーションを取るときや、ファンレターを書くとき、SNSにコメントするときに活用すれば相手のハートに刺さるかも♡

> マインドナンバー1の推しには…

「〇〇くんなら絶対できる!」

周りからの応援でやる気がみるみるアップする推しには盛大なエールを。「世の中そんなに甘くないですからね」と現実を突きつけるのは残酷すぎ。

> マインドナンバー2の推しには…

「めっちゃ斬新ですね!」

ファッションも発想も行動も予想外の方向へと突き進む推しにはうれしい言葉。「その気持ち、わかります」と共感を示すのは、彼には逆効果かも。

> マインドナンバー3の推しには…

「おしゃれでセンスがいいですね」

内面をほめられることに慣れている彼にとって、見た目をほめられるのは新鮮。「真面目ですよね」は彼にはディスられているように聞こえます。

> マインドナンバー4の推しには…

「みんなすごいって言ってます」

いろんな人から評価されていることを聞くのはやっぱりうれしいもの。「写真うつりがいいですよね」など、実物を否定するような発言は避けて。

> マインドナンバー5の推しには…

「〇〇くんにしかできないと思う」

トップであり続けるために頑張る彼にとって報われるフレーズです。一方で「意外と普通っぽいんですね」は彼のプライドを傷つける危険な発言。

> マインドナンバー6の推しには…

「おすすめが知りたいです」

アドバイスするのが好きな彼。得意分野を発揮していただきましょう。「話すと止まらないですよね」は彼の存在を否定しているように聞こえそう。

> マインドナンバー7の推しには…

「何しててもカッコいい!」

ストレートにほめまくるのが正解。「こうしたらもっとカッコよくなると思います」などはよかれと思っての意見でも、彼にとっては余計なお世話。

> マインドナンバー8の推しには…

「すごく丁寧な人だと思います」

職人気質の彼はなんでも丁寧に進める人。そこに気づくとは!と一目置かれそう。「ちなみにあのグループの彼は…」と他人と比較するのはNG。

> マインドナンバー9の推しには…

「ギャップが魅力ですよね!」

自分の二面性にコンプレックスを感じている彼には救いの言葉。「つかみどころがないから余計に気になる」はほめているように聞こえなさそう。

「推し疲れ」の原因と対策

　魅力的なアーティストが次から次へと現れる昨今、推しがどんどん増えていくのはファンにとって当然ともいえます。ですが、世間にはあなたのような雑食オタクを「愛が薄い」「温度が低い」と批判したり、「結局、誰がいちばん好きなの？」と問い詰めたりするファンも。おかげで傷つくこともあるかもしれませんが、気にしないのがいちばん。同じ価値観の仲間を見つけて、穏やかに盛り上がりましょう。

　あなたはもともと年齢やジェンダーにとらわれず、幅広い人間関係の中で交流するのが好きな人。推し活も特定の人といつも行動をともにするよりは、あっちへフラフラ、こっちへフラフラと自由に動き回るほうが性に合っていて、推し疲れの予防にもなるでしょう。

推し活のための美容&健康術

　あなたには一度熱中すると、どこまでも打ち込んでしまうところがあります。推し活用のグッズ作りにハマり、夜な夜な作業をしていたら、気づけば朝に……なんて経験もあるのでは？　普段はその精神力が体力を底上げし、タフに動けるのですが、人間関係の悩みを抱えてしまったときは要注意。誰かのせいで振り回されたり、落ち込んだりすると、心身ともにダウンしてしまいます。友達を増やしたい気持ちはわかりますが、自分らしくいられる相手を選ぶことも大切です。

　また、みんなで賑やかに食事を楽しむのが好きなのはよいけれど、美容のためにも、飲みすぎ食べすぎには気をつけましょう。人づき合いを優先しすぎて不規則な生活になるのもNGです。

とにかく当てたい、できれば良席を！
チケット運を上げるための
イヴルルド式・願掛け術

推しの人気が上がるのはうれしい半面、ライブのチケットが取りにくくなってヤキモキすることも。
無事に現場に行けるように、ここに挙げたジンクスや神社でひたすら祈願を！

☑ ピンクの紙に推しのカラーのペンで願いを書く

愛情を象徴するピンクの紙に、推しのメンバーカラーのペンで「チケットが当たる！」と書いてみて。「当たる！」と言い切ることで当選する確率がアップします。推しのマインドナンバーが関連する日にちや時間（推しのマインドナンバーが3なら3日、または3時33分など）に書くと◎。

☑ あなたのラッキーデーに申し込む

西暦と月日を足した数とあなたのマインドナンバーが一致する日が、あなたのラッキーデー。例えば、2025年1月1日は、2＋0＋2＋5＋1＋1＝11＝1＋1＝2となり、マインドナンバー2の人のラッキーデーです。チケットの申し込み期間中にあなたのラッキーデーがあれば、その日に応募を。

☑ 新月の日に願いごとを書く

新たなスタートを象徴する新月の日に願いごとを書くと叶いやすいというのは、よく知られた話。私の研究では、新月のエネルギーが高まるのは新月前後の3日間。この期間中に「チケットが当たる！」「推しにバッタリ会う！」など、引き寄せたいことをどんどんリストアップしましょう。

☑ 木曜日は推しへの「感謝デー」

木曜日はラッキースター・木星と関連する曜日。幸運度が高まる日です。毎週木曜日は、あなたの人生を豊かにしてくれている推しの存在に感謝の気持ちを捧げましょう。また、推しのファッションや音楽、食の好みをマネして取り入れてみると、推しとつながりやすくなります。

☑ チケットが当たったつもりでイメトレ

意外にいちばん大事なのがこれ。まずは当日どんな服を着ていくのか、髪型やメイクもちゃんとイメージ。会場ではグッズを買って、席に着いて、ステージがこんなふうに見えて、ライブが始まると推しがファンサしてくれて……と超ハッピーな自分を想像。引き寄せ力がグンとアップしますよ！

イヴルルド遙華が太鼓判！　推し活運に効く神社

【心願成就】
- 赤城神社（群馬県前橋市）
- 大山阿夫利神社（神奈川県伊勢原市）
- 香取神宮（千葉県香取市）
- 根津神社（東京都文京区）
- 大宮八幡宮（東京都杉並区）
- 森戸大明神（神奈川県三浦郡）
- 熱田神宮（愛知県名古屋市）
- 姫嶋神社（大阪府大阪市）
- 橿原神宮（奈良県橿原市）
- 春日大社（奈良県奈良市）

- 熊野速玉大社（和歌山県新宮市）
- 熊野那智大社（和歌山県東牟婁郡）
- 湊川神社（兵庫県神戸市）
- 宗像大社（福岡県宗像市）
- 霧島神宮（鹿児島県霧島市）

【縁結び】
- 大國魂神社（福島県いわき市）
- 足利織姫神社（栃木県足利市）
- 大國魂神社（東京都府中市）
- 來宮神社（静岡県熱海市）

- 結神社（岐阜県安八郡）
- 彌彦神社（新潟県西蒲原郡）
- 白山比咩神社（石川県白山市）
- 多賀大社（滋賀県犬上郡）
- 粟田神社（京都府京都市）
- 下鴨神社（京都府京都市）
- 玉造稲荷神社（大阪府大阪市）
- 吉備津神社（岡山県岡山市）
- 広島護國神社（広島県広島市）
- 宝満宮竈門神社（福岡県太宰府市）
- 上色見熊野座神社（熊本県阿蘇郡）

推しの写真で運気上げ！

（ マインドナンバー別 ）
おすすめ待ち受け画像

推しの情報を入手するツールであるスマホ。大切に扱えば扱うほど、推し活運もアップします！
待ち受け画像にこだわるのはもちろん、汚れやヒビ割れなどもきちんとケアして。

マインドナンバー1のあなたの
開運待ち受け画像は…

推しのアクティブな様子

マインドナンバー1の人の開運のカギは、行動力と大胆さ。推しがパワフルに歌ったり踊ったりしている写真を待ち受けにして、元気を分けてもらい、スーパーポジティブに過ごしましょう。

マインドナンバー2のあなたの
開運待ち受け画像は…

とにかくセンスのいい画像

推しのビジュアルがイケてるカットであることはもちろん、写真そのもののクオリティが高いことも大事。画像加工ソフトを使ってスタイリッシュに仕上げると、引き寄せ力が高まります。

マインドナンバー3のあなたの
開運待ち受け画像は…

推しの夢がかなったシーン

例えば、推しの夢が東京ドームでライブをすることなら、東京ドームで推しがパフォーマンスしている画像を加工ソフトで作ってお守りに。推しの目標を一緒に応援することで運気がアップ。

マインドナンバー4のあなたの
開運待ち受け画像は…

推しが輝いている画像

あなたがいちばん好きな表情やポーズで推しが輝いている写真がベスト。また、推しが愛用している香水の画像、通っているお店やブランドのロゴなども推しとのつながりを深めてくれます。

マインドナンバー5のあなたの
開運待ち受け画像は…

推しのオフショット

仕事や誰かのお世話で常に忙しいあなたを癒やしてくれる画像をチョイス。決め決めのカットよりもいつもと違うゆるんだ表情の画像やプライベートショットを眺めて、気分転換しましょう。

マインドナンバー6のあなたの
開運待ち受け画像は…

推しが頑張っている姿

共感力が高く、推しの努力や苦労を知ることで愛が深まるあなた。推しがパフォーマンスを頑張って練習している姿を待ち受けに。推しがネットで発した名言やメッセージのスクショも◎。

マインドナンバー7のあなたの
開運待ち受け画像は…

デート気分を味わえる画像

推しのパジャマ姿や部屋でくつろいでいる様子、浴衣姿や水着姿、遊園地や水族館にいるシーンなど、推しとカップルな気分を味わえる画像。あなたのお守りとなり、推し活運が上昇します。

マインドナンバー8のあなたの
開運待ち受け画像は…

推しが趣味を楽しむ姿

推しの趣味や特技をあなたも一緒に楽しむことで推し活運が上昇。待ち受けも推しが趣味に熱中している姿を選んで。推しの子どもの頃の写真など、プライベート感あふれる画像もおすすめ。

マインドナンバー9のあなたの
開運待ち受け画像は…

推しが祝福されている姿

誰かが喜んでいるところを見るとパワーアップするあなた。推しが誕生日ケーキの前で笑顔でいる姿や、授賞式でフォーマルスーツでビシッと決めている姿を待ち受けにしてうっとり楽しんで。

言葉のパワーで推し活運をアップ！

アカウント名・ユーザー名の画数で推し活運を上げる！

推し活アカウントを本名とは違う名前で設定している人も多いはず。実は、アカウント名やユーザー名にも運気は宿ります。姓名判断でチェック＆必要に応じてプチ改名を！

推し活アカウントを**プチ改名**して幸運を引き寄せる！

右のページの例を見てください。音は同じ「あかり」でも、表記がひらがななのか、カタカナなのか、ローマ字なのかによって、運気がまったく変わってきます。アカウント名やユーザー名は表記にもこだわって、画数のいい名前にしましょう。例えば「アカリ」に決めたなら、誰かから「あかり」と呼ばれたときには、自分の頭の中で「アカリ」とカタカナで呼ばれていると意識することも大切！

イヴルルド遙華式・画数早見表

a	b	c	d	e	f	g	h	i	j	k	l	m	n	o	p	q	r	s	t	u	v	w	x	y	z
2	2	1	2	2	2	2	2	2	2	2	3	1	3	2	1	2	2	2	1	2	2	2	4	2	2

A	B	C	D	E	F	G	H	I	J	K	L	M	N	O	P	Q	R	S	T	U	V	W	X	Y	Z
3	3	1	2	4	3	3	3	1	3	3	1	4	3	1	2	5	3	3	1	2	1	3	4	3	2

1	2	3	4	5	6	7	8	9	0
1	2	2	2	3	2	2	2	2	1

-	_	.	/	,	'	"	&	@	、	。	・	☆	★	♪	!	?	$	+	=	%	#
1	1	1	2	1	1	2	2	3	1	1	1	1	1	1	1	2	2	2	2	3	4

ア	イ	ウ	エ	オ	カ	キ	ク	ケ	コ	サ	シ	ス	セ	ソ	タ	チ	ツ	テ	ト	ナ	ニ	ヌ	ネ	ノ
2	2	3	3	3	2	3	2	3	2	3	2	2	2	2	3	3	3	3	2	2	2	2	4	1

ハ	ヒ	フ	ヘ	ホ	マ	ミ	ム	メ	モ	ヤ	ユ	ヨ	ラ	リ	ル	レ	ロ	ワ	ヲ	ン
2	2	1	1	4	2	3	2	2	3	3	2	3	2	2	1	3	2	2	4	1

あ	い	う	え	お	か	き	く	け	こ	さ	し	す	せ	そ	た	ち	つ	て	と	な	に	ぬ	ね	の
3	2	2	3	4	3	4	1	3	2	3	1	3	4	3	3	4	3	1	2	2	5	3	4	2

は	ひ	ふ	へ	ほ	ま	み	む	め	も	や	ゆ	よ	ら	り	る	れ	ろ	わ	を	ん
4	2	4	1	5	4	3	4	3	5	3	3	2	3	3	2	4	3	3	4	1

＊本書では統計学から編み出したイヴルルド式オリジナルの画数を使用しています。

「あかり」という名前を
アカウント名に使いたい場合

同じ音でも表記によって、また「ちゃん」づけするのか、ニックネーム風に
アレンジするのかによっても、名前のもつ運気はこんなに変わる！

あかり＝ 8 画 ＞ 吉（努力運）
アカリ＝ 6 画 ＞ スーパーウルトラ大吉（安泰運）
朱莉＝ 16 画 ＞ カリスマ大吉（注目運）
朱莉ちゃん＝ 23 画 ＞ スーパーウルトラ大吉（独立運）
あかりん＝ 9 画 ＞ スーパーウルトラ大凶（禁欲運）
AKARI ＝ 13 画 ＞ スター大吉（話術運）
Akari ＝ 12 画 ＞ 大凶（挫折運）

推し活におすすめ！ アカウント名・ユーザー名の画数

困ったときに救いの手が！
6 画（安泰運）
15 画（人徳運）

自分が応募したチケットが外れても友達が誘ってくれるなど、サポートを得られやすい。

推し活仲間に恵まれる
13 画（話術運）

コミュニケーション運がアップ。推し活仲間を増やしたい人、仲間との絆を深めたい人に。

推し活資金を稼ぎまくり
23 画（独立運）

キャリアを活かして成功へと突き進む。稼げるので、推し活資金に困ることはなさそう。

トントン拍子にうまくいく
11 画（天恵運）

トントン拍子に幸運が舞い込んでくる画数。平和で穏やかな推し活ライフを楽しめる。

ファンサがもらえるかも!?
7 画（魅力運）
16 画（注目運）
17 画（光輝運）

センスが光り、華やかに目立つ存在に。現場で注目されてファンサをゲットできるかも？

推しと仕事をしたいなら
24 画（創造運）

エンタメと縁あり。自分のクリエイティビティを活かして、推しと仕事で関わりたい人に。

ケミストリーナンバーでわかる、
あなたと推し活仲間の相性

人間関係のコツをつかんで、ストレスフリーな推し活を

推し活での悩みやトラブルのひとつが、推し活仲間との人間関係。
推し活仲間との相性や上手なつき合い方をケミストリーナンバーでチェックして、
ストレスフリーなコミュニケーションを目指しましょう!

お互いの相性をチェックして
ストレスのない、平和な人間関係を築く！

ケミストリーナンバーとは？

相性は単に「いい」「悪い」というものではありません。
私たち一人ひとりに個性があるように、相性にも特徴があります。
自分と占いたい相手のマインドナンバーを合計したケミストリーナンバーで、
推し活仲間との人間関係をスムーズにするコツをつかみましょう。

　人間関係とは不思議なもので、似た者同士だからといって必ずしも仲のいいパートナーシップやグループを築いていけるとは限りません。正反対の性格の人同士だからこそ補い合ってうまくやっていけるケースもあれば、お互いを刺激し合いながら切磋琢磨していく関係、はたまた、この世に生まれる前から結ばれていたのでは？と感じるような運命的なご縁もあります。
　こういったパートナーシップやグループの特徴が、いわゆる「相性」です。私のオリジナルの占いでは、占いたい人のマインドナンバーを合計したケミストリーナンバーで、相性を9パターンに分類。どんな関係性なのかをチェックすることができます。
　推し活仲間との相性を知れば、自分も仲間もハッピーに過ごせるコツがわかるはず。あるいは、みんなで遠征に行くときなどにこの本を持参して相性を調べてみると、きっと盛り上がると思いますよ！

ケミストリーナンバーの出し方
How to give a chemistry number

自分のマインドナンバーに相性を知りたい相手のマインドナンバーを1桁になるまで足した数がケミストリーナンバーです。さっそく例を見ていきましょう。

STEP 1

相性を占いたい人のマインドナンバーを出します。

例：ミランダ・カー
1983年4月20日生まれ → マインドナンバー 9

ケイティ・ペリー
1984年10月25日生まれ → マインドナンバー 3

STEP 2

二人のマインドナンバーを1桁になるまで足します。

例：9 + 3 = 12　1 + 2 = 3

STEP 3

STEP 2で出した数字が2人のケミストリーナンバーです。

例：ミランダ・カーとケイティ・ペリーは
ケミストリーナンバー 3 の相性！

※占いたい人の合計が3人以上の場合も同様に、全員のマインドナンバーを1桁になるまで足します。

> 仲間との
> ケミストリー
> ナンバーが「1」

知らない土地への旅が心強い！
力を合わせる冒険メイト

組み合わせ早見表

マインドナンバー　マインドナンバー
1 ＋ 9
マインドナンバー　マインドナンバー
2 ＋ 8
マインドナンバー　マインドナンバー
3 ＋ 7
マインドナンバー　マインドナンバー
4 ＋ 6
マインドナンバー　マインドナンバー
5 ＋ 5
etc.

　常に一緒に過ごすのではなく、必要なときだけサッと集まるといったふうに、メリハリが必要な組み合わせです。このグループに何よりも向いているのが、国内のアクセスの悪い土地や海外など、不慣れな土地への遠征。公共の交通機関だとなかなか行きづらいところにみんなでレンタカーを借りて出かける、海外でのライブ後に集合して晩ごはんを食べるなど、ひとりだとちょっと不安なシチュエーションのときに集まれるとありがたいメンバーです。

　このグループは勢いがあるぶん、注意力散漫になりやすいところも。盛り上がりすぎて、電車やバスの時間を忘れないように気をつけて。

仲間との
ケミストリー
ナンバーが「2」

推しから認知されちゃうかも！
いるだけで目立つ引き寄せメイト

組み合わせ早見表

マインドナンバー	マインドナンバー
1 +	1
2 +	9
3 +	8
4 +	7
5 +	6

etc.

　一緒にいると推しへの愛が盛り上がり、「せっかくだからみんなとは違う推し方をしよう！」とクリエイティブなアイデアがどんどん出てくるのがこの相性の人たち。推し活グッズをプロ顔負けの腕前で手作りする、本人不在の誕生日会を超おしゃれにアレンジしてSNSにアップするなど、〝映える〟推し活に励みます。

　現場でもそのオリジナリティあふれるムードが光り、ライブ映像に映ったり、スタッフに声をかけられてインタビューをされたりするかもしれません。本人たちはそんなつもりはなくても、さながらファン代表のような存在感。推しに認知される可能性もあるでしょう。

> 仲間との
> ケミストリー
> ナンバーが「3」

全員が推しのお母さん!?
推しの身内気分で思い出語りメイト

組み合わせ早見表

マインドナンバー　マインドナンバー
1 ＋ **2**

マインドナンバー　マインドナンバー
3 ＋ **9**

マインドナンバー　マインドナンバー
4 ＋ **8**

マインドナンバー　マインドナンバー
5 ＋ **7**

マインドナンバー　マインドナンバー
6 ＋ **6**

etc.

　推しを見守る立場として、彼の成長を語り合いながら一体感を得ることで心を満たしていくのがこのグループ。集まると気づけば、推しのこれまでの歩みやなつかしのエピソードで盛り上がっているのでは？「あの名曲が生まれた背景には、彼のこんな体験があったんだよね」「彼は子どもの頃、どこどこの公園でダンスの練習をしていたらしいね」など、まるで推しのお母さんか親戚のおばさん一同であるかのように、推しの思い出話をしみじみと語り合います。

　推しの聖地を巡礼したいときは、このグループで行くと楽しめるはず。みんなで情報収集しながら、充実した時間を過ごせるでしょう。

仲間との
ケミストリー
ナンバーが「4」

遠征先では贅沢してナンボ！
豪華ツアーを楽しむ ラグジュアリーメイト

組み合わせ早見表

マインドナンバー 1 ＋ マインドナンバー 3
マインドナンバー 2 ＋ マインドナンバー 2
マインドナンバー 4 ＋ マインドナンバー 9
マインドナンバー 5 ＋ マインドナンバー 8
マインドナンバー 6 ＋ マインドナンバー 7
etc.

　いつもよりちょっとリッチな過ごし方をすることで、幸運を引き寄せることができるのがこの相性の特徴。このメンバーで遠征をするならば、宿泊先も食事もケチらないのが正解です。というのも、素敵なホテルやレストランを予約しておくと、その場で推しや推しの関係者と遭遇する可能性があるのです。推しの地元のライブに行ったあと、ちょっと高級で素敵な和食屋に行ったら、実はそれが推しの親戚が経営している店でレアなエピソードをたくさん聞いた、など。
　普段は倹約家の人も、このグループで行動するときだけは少しばかり奮発を。そのほうが、運気が好転するはずです。

> 仲間とのケミストリーナンバーが「5」

どういうわけか幸運が舞い込む
奇跡を起こす一攫千金メイト

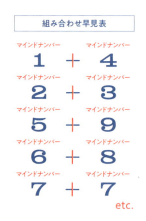

組み合わせ早見表

マインドナンバー 1 ＋ マインドナンバー 4
マインドナンバー 2 ＋ マインドナンバー 3
マインドナンバー 5 ＋ マインドナンバー 9
マインドナンバー 6 ＋ マインドナンバー 8
マインドナンバー 7 ＋ マインドナンバー 7
etc.

　一緒に行動していると、なぜか運気がグングン上昇。推しのライブのチケットが取れなくても、当日会場まで行ってみたら、たまたま偶然が重なって、運よくチケットを譲ってもらえた、あるいは推しに会えた、なんてこともあるでしょう。ひょんなことから推しの身内や関係者と知り合いになる可能性も低くはありません。

　また、知り合ったきっかけは推し活でも、やがて仕事や推し活以外の共通の趣味を通して、一攫千金を狙う仲に発展することもあります。お互いにアイデアを出し合うことで、多くのチャンスに恵まれ、素晴らしいステータスを獲得できる相性です。

仲間との
ケミストリー
ナンバーが「6」

CHEMISTRY NUMBER 6

長いつき合いに発展するかも

お互いを助け合う譲り合いメイト

組み合わせ早見表

マインドナンバー		マインドナンバー
1	+	5
2	+	4
3	+	3
6	+	9
7	+	8

etc.

　この相性の人たちの共通認識は「推し活は平和であるべき」。それぞれのやりたいことを尊重しながら、みんなで仲良く楽しもう！　というスタンスです。集まると、自分にとって推しや推し活がどれほど大事かを語り合い、お互いをほめ合い、ポジティブに盛り上がります。自慢話合戦やマウントの取り合いなどは起こらないでしょう。

　遠征先で買ったおみやげや誕生日プレゼントを交換したり、仕事の悩みや愚痴をこぼしたりなどしているうちに、推し活仲間を超えて、普通に仲のいい友人関係に発展することも。気づけば推し活に関係なく、食事や旅行を楽しむ間柄になっているかもしれません。

| 仲間との
ケミストリー
ナンバーが「7」 |

CHEMISTRY NUMBER 7

楽しげなムードをキラキラ振りまく
笑う門には福来る
愛されメイト

組み合わせ早見表

マインドナンバー	マインドナンバー
1 +	6
2 +	5
3 +	4
7 +	9
8 +	8

etc.

　いるだけでその場が華やかになり、周りの人たちを明るいムードで照らすのがこのグループ。たとえイヤな目に遭ってもクヨクヨせず、ノリで楽しもうとする前向きな姿勢は、まるでギャルのよう。おしゃべり上手でケラケラと楽しそうに笑う様子は、周囲からも好感度大。見ず知らずの人から「〇〇さんのファンですか？」と話しかけられて、不要になったグッズを譲り受ける、なんてこともあるかも。

　現場に不慣れで迷っていそうな人を見かけると、笑顔で「大丈夫ですか〜？」と声をかけてあげたり、ベビーカーのママを手伝ってあげたりなど、誰に対しても親切なのもこの相性の人たちの特徴です。

仲間との
ケミストリー
ナンバーが「8」

お互いの分析結果を発表し合う
意見交換が楽しいオタクメイト

組み合わせ早見表

マインドナンバー		マインドナンバー
1	+	7
2	+	6
3	+	5
4	+	4
8	+	9

etc.

　この相性の人たちが集まると、会話が「推しに対する意見交換会」に発展しがち。「推しの素晴らしいところ」「逆に、もっとこうしたほうがいいと思うところ」など、それぞれの考えをぶつけ合います。特に結論を求めているわけではなく、相手の意見はあくまで参考。お互いの考えをリスペクトしながら、ドライな関係をキープします。

　一緒に遠征するときはそれぞれがリサーチをして、「こっちのほうが安く行ける」「チケットはこの方法で取るのが確実」などと相談しながら、ベストな手段を見つけていきます。現地ではお互いの得意分野を活かして助け合いながら、楽しく過ごせそうです。

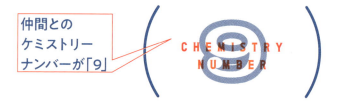

仲間とのケミストリーナンバーが「9」

ケンカは仲のいい証拠!?
まるで姉妹のような類友メイト

組み合わせ早見表

マインドナンバー	マインドナンバー
1 + 8
2 + 7
3 + 6
4 + 5
9 + 9

etc.

　似た者同士なのですぐに仲良くなれる一方で、些細なことが気になってケンカ別れしてしまう可能性もあるのがこの相性。知り合って少し話しただけで一気に距離が縮まって、まるで姉妹のようなムードになりますが、つい気を許しすぎるあまり、本当の家族に対して見せるようなわがままな態度や甘えが出やすいのです。

　ずっと一緒にいるとそのリスクが高まるので、遠征先ではフリータイムを設けるなど、お互いがこまめに息抜きできるように配慮することが大切。おそろいのアイテムを持つなら形や色を変えるなど、それぞれの個性を強調できるように工夫するのが得策です。

調べてみると納得!
あのグループのメンバー同士の気になる相性は?

相性といえばやっぱり気になるのが、推しのグループの人間関係。いろんなグループをケミストリーナンバーで占ってみると、「あー、わかる〜!」とうなずける結果に!?

メンバー全員のマインドナンバーで**相性**がわかる

　第3章ではケミストリーナンバーを紹介しましたが、このやり方でグループのメンバーの相性を見ることもできます。メンバー全員のマインドナンバーをどんどん足していき、最終的に1桁になるまで計算して、導き出された数字がグループのケミストリーナンバーです。

　例えばBTSは、JINが1、SUGAが7、J-HOPEが7、RMが8、JIMINが2、Vが3、JUNG KOOKが9。全員を足すと1＋7＋7＋8＋2＋3＋9＝37→3＋7＝10→1＋0＝1なので、ケミストリーナンバーは1となります。それぞれのケミストリーナンバーがグループのどんな個性を表すのかについては、次のページを参照してみてくださいね。

マインドナンバー4と5がいるグループは成功する!?

　面白いことに、オリジナルメンバーのままで長く活動し、ヒットを飛ばし続けるグループには、マインドナンバー4と5の両方がいることがすごく多いんです。海外ではU2がいい例。1980年のデビュー以降、メンバーの脱退も変更もないまま、活動を一度も休止せずに続けています。マインドナンバーを調べると、ボーカルのボノとドラムのラリー・マレン・ジュニアが4、ベースのアダム・クレイトンが5。日本ではGLAYやMr. Childrenなどに4と5のメンバーがいます。

　マインドナンバー4と5は縁が強く、5がピンチになると4が救ってくれるという傾向があるようです。

ケミストリーナンバー1のグループ

お互いに刺激し合い、夢を実現していく仲間

一緒にいると化学反応が生まれ、新しい企画やアイデアがどんどん生まれていく関係。グループ活動と各々のソロ活動をバランスよく両立しながら、夢の実現を目指していきます。

- timelesz
- Aぇ！group
- BTS
- GENERATIONS from EXILE TRIBE
- IZTY など

ケミストリーナンバー2のグループ

似たような感性をもつアーティスト集団

対話よりも音楽やダンスで通じ合うような、感覚的なやり取りが得意な人たち。ルールや既成概念にしばられず、好きなことを共有できれば、成功する確率がグンとアップします。

- なにわ男子
- SEVENTEEN
- aespa など

ケミストリーナンバー3のグループ

切磋琢磨しながら、ともに向上していく関係

お互いを励まし合いながら、成長していける間柄。特に意識せずとも丁寧にコミュニケーションできるので、グループ内でもめにくく、困りごとは全員で相談して解決するタイプ。

- SixTONES
- BLACKPINK
- Kep1er
- XG
- ME:I など

ケミストリーナンバー4のグループ

華やかなオーラで物質的&精神的な成功をつかむ

無条件に人の目を引くような艶やかさがあり、成功する確率が高い人たち。お金や物質的な面でリッチになれるだけでなく、心の豊かさも同時に手に入れることができるでしょう。

- A.B.C-Z
- Travis Japan
- Number_i
- BE:FIRST など

ケミストリーナンバー5のグループ

やりたいことと収入面を両立していける人たち

やりたいことを自由にやりながら、ビジネスとしてどう成立させるかをきちんと考えられるグループ。強い信頼のもとにウィンウィンの関係を築き、周囲にもいい影響を及ぼします。

- TOKIO
- KinKi Kids
- WEST.
- 三代目 J SOUL BROTHERS from EXILE TRIBE
- アンジュルム など

ケミストリーナンバー 6 のグループ

相手をリスペクトする気持ちが強い絆へと発展

一緒に仕事をするだけのドライな関係ではなく、心のつながりを築いていくことを目指します。お互いに敬意を払い、相手のこだわりを尊重しながら高め合っていけるでしょう。

- 20th Century
- King & Prince
- Hey! Say! JUMP
- ファントムシータ
- LE SSERAFIM　など

ケミストリーナンバー 7 のグループ

居心地がよく、切っても切れないソウルメイト

生まれたときから不思議なご縁で強く結ばれている、最高の相性のグループ。お互いの悩みも素直に打ち明け、困ったときは助け合える関係。解散後も生涯の友になるかも。

- NEWS
- Kis-My-Ft2
- TWICE
- JO1
- INI
- 超特急　など

ケミストリーナンバー 8 のグループ

どんな困難も乗り越えていく闘魂グループ

自分にも他人にも厳しい、努力家ぞろい。ハードな状況下で高い壁を目の前にしたときほど「やってやるぜ!」という闘志が湧き、お互いの戦友としての絆も深まっていくでしょう。

- SUPER EIGHT
- NewJeans
- TOMORROW X TOGETHER　など

ケミストリーナンバー 9 のグループ

似た者同士だからこそ、山あり谷ありの仲に

それぞれがお互いを映す鏡であるかのような似た者同士。息がピッタリ合うところもあれば、衝突してしまう部分もありそう。自分の意見を押しつけないことがグループ存続のカギ。

- Snow Man
- Stray Kids
- NiziU　など

生まれ年が不明でもOK！
アニメ、マンガetc. 二次元キャラの相性の出し方

アニメやマンガの登場人物などの二次元のキャラクターには、誕生日は設定されていても、生まれ年はわからないことも。そんな場合のマインドナンバーの出し方を解説します！

生まれた月日がわかれば相性はチェックできる！

　マインドナンバーやケミストリーナンバーは生年月日から導き出すもの。ということは、生まれ年が不明だと占えない？　と思いきや、そんなことはありません。私の研究結果から、二次元のキャラクターの場合、生まれた月日を足した数をマインドナンバーとして応用できることがわかってきたのです。アニメやマンガの登場人物で生年がわからないときは、月日を足してマインドナンバーとしてください。

ヒット作には相性バツグンの組み合わせが多い

　アニメやマンガのキャラクターについて調べていると、興味深い事実がわかってきました。ケミストリーナンバーの9パターンの相性の中でも、ソウルメイトというべき最高の相性は7なのですが、ヒット作にはメインのキャラクター同士、あるいはキャラクターと作者のケミストリーナンバーが7になることが少なくないのです。

　例えば、『スラムダンク』はメインのキャラクターである桜木花道（マインドナンバー5）と流川楓（マインドナンバー2）が7、そこに作者の井上雄彦先生（マインドナンバー9）を加えても7になります。こうした不思議な法則はまだまだたくさん隠れているはず。引き続き研究を重ねて、みなさんにお伝えしていけたらと思っています。

マンガ『ワンピース』は主人公ルフィが1、作者の尾田栄一郎先生が6で足すと7（ソウルメイト）、マンガ『鬼滅の刃』は主人公竈門炭治郎が3、ヒロイン竈門禰豆子が4で足すと7（ソウルメイト）など。

おわりに

推し活を楽しむこと自体、運気アップの秘訣です。
これからも心がワクワクする毎日を

　推し活をさらに楽しむための一冊、いかがでしたでしょうか？　実は、推し活をめいっぱいエンジョイすることは、あなたの人生そのものの運気を押し上げる行動でもあります。なぜなら、「笑う門には福来る」。好きなことに夢中になっている人のもとには、幸運が次から次へと舞い込んでくるのです。

　2020年12月に突入した西洋占星術における「風の時代」は、2024年11月から本格化。「個」がますます際立つ時代、幸せのかたちもさらに多様化していきます。ですから、推し活もぜひあなたらしいスタイルで満喫してください。みなさんがこれからもワクワクやきらめきに満ちた日々を過ごせることを、心から祈っています！

イヴルルド遙華

フォーチュンアドバイザー。姓名判断、西洋占星術、タロットなど、幅広い占いを独学で研究。人生の流れを24の節目で区切るオリジナルの診断「フォーチュンサイクル占い」を考案。明るいキャラクターから発せられる前向きでパワフルなアドバイスが口コミで人気となり、特にモデルや俳優、ヘアメイク、プレス、エディターなど、クリエイティブな業界から絶大な支持を得ている。著書も多数。

公式サイト　https://www.ineori.com/
公式ブログ　https://ameblo.jp/eve-lourdes-haruka/
インスタグラム　@evelourdes_haruka

イヴルルド遙華の
ハッピー"推し活"占い

2024年12月31日　初版第1刷発行

著者　　イヴルルド遙華

発行人　宮澤明洋
発行所　株式会社 小学館
　　　　〒101-8001
　　　　東京都千代田区一ツ橋2-3-1
編集　　03-3230-5905
販売　　03-5281-3555
印刷所　TOPPAN 株式会社
製本所　古宮製本 株式会社

ISBN978-4-09-311587-2
©Printed in Japan

構成＿＿志村香織
ブックデザイン＿＿橘田浩志（attik）
イラスト・漫画＿＿えるたま
制作＿＿宮川紀穂、髙橋佑輔
資材＿＿池田 靖、尾崎弘樹
販売＿＿椙野晋司、坂野弘明
宣伝＿＿秋山 優、山崎俊一
校閲＿＿小学館出版クオリティセンター、
小学館クリエイティブ
編集＿＿長竹俊治

●造本には十分注意しておりますが、印刷、製本など製造上の不備がございましたら「制作局コールセンター」（フリーダイヤル0120-336-340）にご連絡ください。（電話受付は、土・日・祝休日を除く9:30～17:30）
●本書の無断での複写（コピー）、上演、放送など二次利用、翻訳等は、著作権法上の例外を除き禁じられています。
●本書の電子データ化などの無断複製は著作権法上の例外を除き禁じられています。代行業者等の第三者による本書の電子的複製も認められておりません。

※掲載しているグループのメンバーなどの情報は2024年11月時点の情報に基づいています。
※著名人の生年月日は公表されているデータをもとにしていますが、一部、独自に調べたものなど、例外を含みます。